スタートダッシュ経済学

第2版

伊ヶ崎大理｜大森達也
佐藤茂春｜内藤徹

keiso shobo

第2版によせて

2019年春に本書の初版が刊行されて5年が経ちました．皆さんも周知のようにこの5年の間に社会は大きな変容を経験しました．本書が発刊されたのち，Covid-19はパンデミックと呼ばれる世界的な感染拡大となりました．筆者たちが勤務する大学でもオンラインでの講義，マスクを着用しての講義など，さまざまな制約により大学生活は大きく変わりました．さらにCovid-19のパンデミック中，世界情勢も大きな出来事が起こりました．初版の「はしがき」でも述べたような大きな国際紛争が発生し，いまもなお続いております．国家間の分断はより鮮明になってきました．私たちの社会生活に目を向けてみると，AIの進歩による生活様式の変化も顕著になった5年間でした．

今回の第2版では，筆者たちが本書の初版をテキストとして講義で使用してきた5年間で加筆・修正が必要であると感じた箇所を改訂しました．初版では含めていなかった行動経済学などの新たなトピックスに関する章を加え，既存の章もデータの更新を含め，いくつかの箇所で加筆修正を行いました．「はしがき」でも述べたように，このような時代だからこそ客観的に冷静な判断を行うための素養が重要になります．経済学を専攻する人のみならず，経済学を専攻しない人も経済学に関心を持つきっかけになればと思います．

2023年秋

内藤　徹

はしがき

近年，私たちが生きている社会はますます複雑になってきています．グローバリゼーションの波は世界経済の様相を変化させました．アメリカと中国はこれまでにない激しい貿易戦争を繰り広げています．ヨーロッパでは，地域統合したEUは圏内国家間の経済格差やEUからの離脱の議論がみられます．世界を取り巻く状況は混迷化し，世界経済を舞台としたせめぎあいはますます激しくなっています．わが国も平成から令和へと新しい時代に突入しましたが，バブル経済崩壊前後に始まった平成の時代は昭和の時代の日本経済の輝きを失い経済の低迷に苦しんだ時代でもありました．

複雑化する現代社会を正しく理解することは一筋縄ではいきません．かつて第35代内閣総理大臣であった平沼騏一郎は，当時のヨーロッパの国際関係を読み切れず，「欧州情勢は複雑怪奇」という言葉を残して退陣しました．その後，わが国は国際社会から孤立し，第2次世界大戦で壊滅的な打撃を受けたことは周知の事実です．もちろん，近年のヨーロッパ，アメリカ，アジアの国々は当時のような交戦状態にはありませんが，わが国がかつてと同じ轍を踏まないためには，経済学を専門とする人だけではなく，それ以外の専門分野を学ぶすべての人々がこの複雑な社会を正しく読み解く素養を身に付けることが必要な時代となってきました．しかしながら，どのような学問分野であれ，最初から深く専門性を追求することは容易ではありません．皆さんも最初に補助輪を付けて乗りながら自転車を練習したことや，スキーでプルークボーゲンから始めたことを思い出してみてください．補助輪付きの自転車で大まかに自転車に乗るコツをつかんだり，プルークボーゲンでまずは止まり，ターンができるようになってから次のステップに進んだはずです．本書は，経済学を学び始めようとする皆さんの背中を押すことを目指した入門書です．経済学部に入学し，経済学を専門的に学ぼうとする人はもちろんのこと，経済学部以外の学部で経済学を学ぼうとする人たちにも経済学の学習をスムーズに進める手助けとなるようにと執筆したテキストです．経済学，特に理論経済学では，数学や統計学を用いて分析を行うため，入り口で学ぶことを躊躇してしまうことが多いのも事実です．しかし，それは経済学のほんのごく一面であり，それが理由で経済学を学ぶことを辞めてしまうというのであれば，経済学を生業とする私たちにとって残念なことです．

本書の執筆者たちはいずれも経済学部には所属していません．だからこそ経済学の醍醐味をより多くの人に伝えたいという強い思いを常々持っていました．そうした4人のちょっとした縁がきっかけで今回本書を作成することになりました．本書が皆さんの経済学を学ぶモチベーションの助けになれば，筆者としては喜ばしいかぎりです．

最後に出版事情の厳しいおりに，筆者たちに本書執筆の機会を与えて頂きました勁草書房の宮本詳三氏に感謝する次第です．

2019年春

執筆者を代表して

内藤　徹

目　次

第２版によせて
はしがき

第１章　イントロダクション……3
1.1　経済学とはどのような学問なのか……3
1.2　財・サービスと経済システム……5
1.3　特化と交換の利益……7
1.4　国際分業と特化……12
1.5　ミクロ経済学とマクロ経済学……13

第２章　希少性と資源配分……17
2.1　希少性と選択……17
2.2　選択とインセンティブ……19
2.3　選択と費用……20
2.4　市場と資源配分……22

第３章　需要……27
3.1　価格と消費と需要法則……27
3.2　需要曲線……29
3.3　消費者行動：需要曲線の導出……35

第４章　供給……43
4.1　価格と生産……43
4.2　供給曲線……45
4.3　費用曲線……49
4.4　市場均衡……53

第5章　弾力性とシフト 59

5.1　需要の価格弾力性 59
5.2　供給・需要曲線のシフトと市場均衡 63

第6章　政策評価：余剰分析 71

6.1　経済学における「良い」と「悪い」 71
6.2　消費者余剰と生産者余剰 72
6.3　資源配分の歪み 75

第7章　独占市場 85

7.1　ペットボトルの水の値段 85
7.2　独占均衡 86
7.3　独占市場はなぜ望ましくないのか 89
7.4　その他の独占の弊害 92

第8章　ゲーム理論と行動経済学 97

8.1　寡占市場と価格競争 97
8.2　戦略形ゲーム 98
8.3　展開形ゲーム 101
8.4　行動経済学 107

第9章　国内総生産（GDP）とはなにか 115

9.1　国内総生産とはなにか 115
9.2　GDPのその他の定義 117
9.3　生産・支出・分配面から見たGDPの詳細 119
9.4　国内純生産，国民所得 123
9.5　GDPに含まれるもの，含まれないもの 123
9.6　日本のGDP 125

第10章　物価指数と実質値 129

10.1　実質値と名目値 129

10.2　名目 GDP と実質 GDP……131
10.3　GDP デフレーターと消費者物価指数……134
10.4　インフレ率（物価上昇率）……137
10.5　名目経済成長率と実質経済成長率……138
10.6　物価の変化と豊かさ……140

第 11 章　景気循環と経済成長……143

11.1　戦後日本の経済成長……143
11.2　景気循環とはなにか……144
11.3　マクロ経済学の短期と長期……148
11.4　経済政策との関係：短期の経済政策……150
11.5　経済政策との関係：長期の経済政策……152

第 12 章　政府の役割と財政政策……157

12.1　国内総生産と政府支出……157
12.2　政府の必要性……159
12.3　資源配分機能……160
12.4　所得再分配……163
12.5　経済の安定化……164

第 13 章　貨幣と金融政策……169

13.1　貨幣の機能……169
13.2　貨幣需要……171
13.3　貨幣の定義……172
13.4　直接金融と間接金融……173
13.5　中央銀行と銀行行動……173
13.6　信用創造……174
13.7　金融政策……176
13.8　日本の金融を取り巻く環境……179
13.9　外国為替と為替レート……180

第 14 章 経済の成長と経済政策 183
14.1 経済成長率と日本の経済成長 183
14.2 経済成長と生産要素 184
14.3 投資と資本蓄積 185
14.4 労働と人口成長 187
14.5 生産技術と技術革新 189
14.6 教育と経済成長 190
14.7 政府と経済成長 192

練習問題の解答例 195

索 引 205

コラム 1 ノーベル経済学賞 15
コラム 2 合理的な決定と機会費用 25
コラム 3 価格が上がると需要が増える？ 40
コラム 4 値上げするのは悪いこと？ 56
コラム 5 価格差別 68
コラム 6 政府による市場の介入の是非 83
コラム 7 公正取引委員会の仕事 94
コラム 8 スポーツとゲーム理論 112
コラム 9 GDP 以外の指標 126
コラム 10 大卒初任給はどのように変わってきたか 141
コラム 11 バブルの発生と崩壊 154
コラム 12 日本の借金 166
コラム 13 電子マネーと貨幣 181
コラム 14 日本の教育費 193

スタートダッシュ経済学

［第2版］

第1章
イントロダクション

この章で考えること

- 経済学とはどのような学問なのでしょうか
- 分業と特化とはなんでしょうか
- ミクロ経済学とマクロ経済学とはどのような分野でしょうか

1.1 経済学とはどのような学問なのか

この本を手に取って読んでくれている皆さんの中には日経平均株価や国内総生産（GDP）といった経済の用語をテレビや新聞，そしてインターネットで目にしたり，耳にしたことがあるかと思います．ITの進歩によって私たちはこれまでよりもずっと多くの情報に容易にアクセスすることができるようになりました．「日経平均株価が急落した」，「今年はカニが不漁で価格が例年の2割増である」，「政府の来年度の予算規模が過去最大である」など世の中の多種多様な経済に関する情報を新聞やテレビといった従来の媒体のみならず皆さんが持っているスマートフォンやパソコンから瞬時に確認することができます．このように一昔前に比べて私たちが触れることのできる経済に関する情報量は飛躍的に増大しました．特にわが国の経済は長く低迷の時期にあり，その間にわが国を取り巻く経済状況は大きく変化し，多様化し，そしてますます複雑になっています．もちろん，多くの人たちがこれらの貿易問題や環境問題を解決するためいろいろな政策を提言していますが，それらの多くは，それぞれの立場の人・団体の利害関係にしばしば影響を受けています．したがって，私たちがこれらの問題に対して正しい判断を下すためには，いままで以上にこれらの情報を冷静にそして正確に分析することが求められるようになりました．

さて皆さんは「経済学」と聞いたときにどのようなイメージを持っているでしょうか．中学校の公民科の授業や高校での現代社会や政治経済の授業で学んだ需要や供給，あるいは数学を多用する学問といったイメージを持っている人も少なからずいると思います．しかし，それらは経済学の表面的なものに過ぎません．確かにわが国において，いわゆる文系と呼ばれる学問領域の中で経済学は相対的に数学が多く用いられています．しかしながら，経済学という学問が本来解決しようとしているのは，より良い社会を実現するための処方箋を提示することなのです．皆さんも知っているように今日の社会は，貧困問題，不景気，失業，貿易問題，少子高齢化，環境問題と解決しなければならない問題が山積しています．そんな中で私たちはより良い社会を実現するために，これらの問題を解決していかなければなりません．経済学とは本来上述したような私たちが社会で目にする諸問題を論理的に把握し，分析する学問なのです．

それではなぜ経済を学問として学ぶ必要性があるのでしょうか．それは世の中に存在する多くの財・サービスは，数や量が限られているからです．もし世の中のすべての財・サービスがすべての人に十分満足するぐらいに行き渡るのであれば何も問題は生じません．しかし皆さんも知っているように世の中で数や量が無限に存在する財・サービスはほとんどありません．したがって，社会経済に属している人々にとってこれらが無駄なく配分されるということは非常に重要な課題なのです．そこで，限られた資源のもとで人々の生活がより豊かになるためにはこれらが効率的に配分されることが必要となります．

しかしながら．「効率的な資源配分」と言葉で言うのは簡単なのですが実際にそれを達成するのは非常に難しいのです．なぜならば，私たちが生きている経済社会は複雑に入り組んでいるため，効率的な資源配分は，容易には達成できないのです．そこでそれらを対象とした科学，すなわち「経済学」の出番となるのです．既述したように確かに経済学は，法律学や文学と比較して数学が多く出てきますし，それが理由で経済学を苦手に感じてしまう学生さんもいると思います．しかし，経済学では数学はあくまでも経済現象を正確に把握，説明する道具に過ぎません．重要なのは，経済にまつわる現象の背後にあるメカニズムを理解し，目の前にある経済現象を冷静にそして正確に分析する力を身に付けることなのです．

1.2 財・サービスと経済システム

前節までの議論の中で所々「財・サービス」という単語が散見されるのに気づいた人もいるでしょう．ここで「財・サービス」とはどのようなものでしょうか．最初に財とサービスの分類から見ていきます．簡単に言うと**財**とは，形のあり目に見えるモノであり，**サービス**は目に見えないモノと考えればいいでしょう．具体例をあげると自動車，コメなどは財であり，バス輸送，インターネット接続はサービスに相当します．つぎに財・サービスの種類について分類します．財・サービスは企業が生産し消費者に販売されるものと企業が財・サービスを生産するための要素となるものがあります．前者を消費財，後者を資本財と呼びます[1)]．

これらの財・サービスが取引される場のことを**市場**（しじょう）と呼びます．市場ではさまざまな財・サービスが取引されていますがその取引の当事者のことを経済主体と呼びます．経済学で考える代表的な経済主体には，家計（消費者），企業（生産者），そして政府があります．生産された財・サービスはそれぞれの市場において経済主体間で貨幣を通じて交換されます．詳細はこの後の章で説明しますが，経済学では対価を支払ってどのくらい財・サービスを購入する意思があるかの組み合わせを需要と呼び，対価を受け取って財・サービスを相手に渡すことを供給と呼びます．

図 1.1 は，代表的な経済主体からなる簡単な経済システムを図示したものです．企業が生産した財・サービスは消費財として消費財市場で供給されます．

1) ここでは財・サービスをまとめて消費財と呼び，労働を人的資本，機械や土地を物的資本とみなし，生産要素となる財をまとめて資本財と呼ぶことにします．

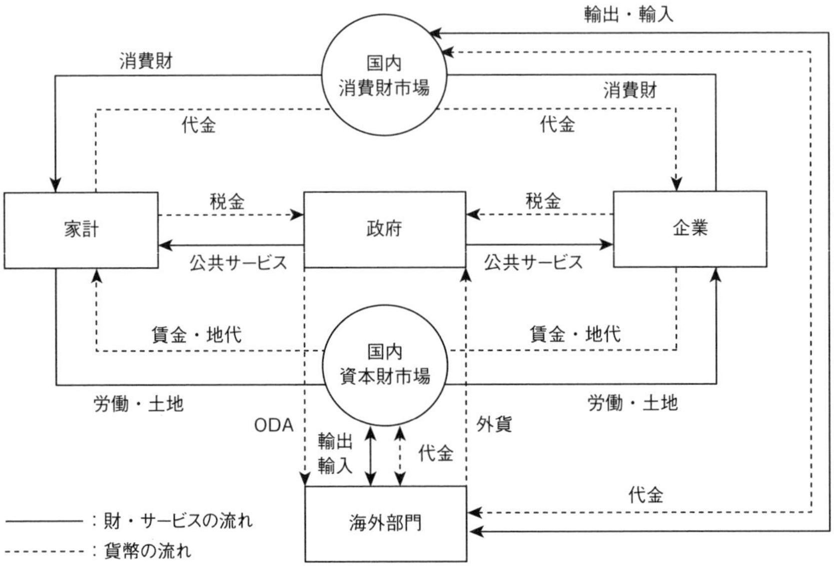

図 1.1 基本的な経済システム

家計は対価を支払ってこれらを購入しますので，市場に供給された消費財は企業から家計に流れ，対価として支払われた貨幣は家計から企業へと流れます．一方，生産者は消費財市場で供給する財を生産するために土地や労働を生産要素として用います．企業は家計が保有する労働や土地を貨幣を通じて購入しますので生産要素としての土地・労働は家計から企業に流れ，賃金や地代は貨幣の形で生産者から家計へと流れます．つぎにもう1つの経済主体である政府は家計や企業から所得税や法人税の形で貨幣を徴収し，それをもとに両主体に公共サービスを供給します．

また，グローバル化した今日において海外部門との関わり合いを無視することもできません．スーパーや百貨店では，国産の財のみならず外国で生産された財を販売していますし，国内の製造業者も外国から原料を輸入して財の生産を行っています．

私たちはこの経済システムの中で日夜生活を送っています．ゆえに，この経済システムの中の一部がなんらかの理由で変化した場合，その箇所の変化の影響はその箇所だけにとどまらず経済システム全体に波及することになります．ゆえに，さまざまな経済問題を解決するための処方箋を提示する際にはそれが経済システム全体に与える影響を考慮しなければなりません．

1.3　特化と交換の利益

皆さんは「ロビンソン・クルーソー」という物語を読んだことがあるでしょうか．「ロビンソン・クルーソー」はイギリスの作家ダニエル・デフォーが1719年に書いた物語です．ロビンソン・クルーソーはイギリスの中産階級の子として育ち，父親からは真面目に働けば並みの生活ができるので勤勉であれと言われて育ちました．しかし，ロビンソン・クルーソーは港の酒場で意気投合した船員と一緒に船出し，渡航先の南米で一定の成功を収めたのち，帰国の途に就く途中で乗船していた船が嵐で難破し，自分だけが生き残ってしまいました．ロビンソン・クルーソーは難破船のそばにあった無人島でいろいろな工夫をして生活を始めました．しかしロビンソン・クルーソーは漂着した無人島で早速選択の問題に直面します[2)]．無人島にはロビンソン・クルーソーしかいませんから彼は自分の限られた労働時間をさまざまな種類の活動に配分しなければなりませんでした．また船にあった帆布はテントや服に，ぶどう酒は飲料水の代用品に，銃は狩りに使用できました．ところが船の中で唯一役に立たなかったものがあります．それは金貨・銀貨です．その理由はロビンソン・クルーソーは自分の労働を配分して生産を行い，それを消費していましたから他人と財・サービスを交換するという社会からは隔離されていたからです．したがって，ロビンソン・クルーソーが生活していた自給自足の世界は分業あるいは特化という概念とは無縁でした．

しかしながら，私たちはロビンソン・クルーソーとは異なり，大多数の人がすべての財・サービスを自分で生産し，消費してはいません．現実には各自が

2)　選択については，第2章で詳しく説明します．

得意な財・サービスに集中して生産を行い，それを別に人が生産した財・サービスと交換しています．国家レベルで見ても農業財を輸出し，工業財を輸入する国がある一方で，工業財を輸出して農業財を輸入する国もあります．現在の私たちは交換経済の中で生活しているのです．では，どうしてこのような分業をするのでしょうか．それは各自がそれぞれ得意な財・サービスに特化し分業するほうがすべてを自分で行う自給自足よりもより豊かになれるからです．

ここで簡単な例を用いて分業と交換がもたらす利益について考えてみましょう．皆さんは「古事記」という書物の名前を聞いたことがあるでしょうか．太安万侶が712年に記した現存する日本最古の歴史書と言われる書物です．この古事記の中に「海幸彦・山幸彦」という兄弟が登場する話があります．海幸彦は海で漁をして生業を立て，山幸彦は山で狩りをして生業を立てていましたが，あるとき，お互いの仕事を交換し，ひょんなことから争いになるという話です．

さて経済学の話に戻りますといま海幸彦も山幸彦もそれぞれ自分で魚と肉を漁と狩りで手に入れているとしましょう．海幸彦は漁が得意なので1時間に魚を2匹釣ることができますが，狩りは苦手なので1時間に1頭のキツネしか捕れません．反対に山幸彦は狩りが得意で1時間に2頭のキツネを捕れますが漁は苦手なので1時間に1匹しか魚を釣ることができません．ここで海幸彦と山幸彦がそれぞれ漁と狩りをすべて自分たちだけで行ったとき，漁と狩りで捕れる魚とキツネの量はどのようになるでしょうか．いま海幸彦も山幸彦も1日5時間ずつ漁と狩りに時間を割き，合計で10時間働くとしましょう．このときの海幸彦と山幸彦の漁と狩りの成果は表1.1のようになります．

表1.1　海幸彦と山幸彦の漁と狩りの成果（その1）

	魚（匹）	キツネ（頭）
海幸彦	10	5
山幸彦	5	10
総計	15	15

海幸彦も山幸彦もそれぞれ自分が得意とする漁と狩りに集中したいと考え始めました．そこで海幸彦と山幸彦は話し合って，海幸彦は漁に，山幸彦は狩り

にすべての時間を費やし，その後，魚とキツネを交換しようと話し合いで決めました．海幸彦は狩りに費やしていた5時間を漁に費やすことができるので，狩りに費やしていた5時間でさらに10匹の魚を釣ることができました．同様に，山幸彦も漁に費やしていた5時間を狩りに費やすことができたので5時間で10頭のキツネを捕獲することができました．つまり，これまでは海幸彦は魚を10匹釣れるチャンスを棒に振ってキツネを5頭捕獲していたことになります．山幸彦も山で狩りをすればキツネを10頭捕獲することができたはずなのにそのチャンスを棒に振って魚を釣っていたのです．このようにもしあることをせずに別のことをしていたら稼げたであろう収入のことを経済学の用語で「**機会費用**」と呼びます[3]．

表1.2　特化したときの海幸彦と山幸彦の漁と狩りの成果（その1）

	魚（匹）	キツネ（頭）
海幸彦	20	0
山幸彦	0	20
総計	20	20

さて，表1.2は海幸彦と山幸彦が自分の得意な漁や狩りに10時間を費やしたときの漁と狩りの成果を表したものです．表1.1と表1.2を比較すると，それぞれが得意な漁や狩りに集中したときのほうが2人が釣った魚の数と捕獲したキツネの合計は増えていることがわかります．このように自分の得意なものに全力投球することを経済学では「**特化**」と言います．ここで海幸彦と山幸彦が自分たちが獲った魚10匹とキツネ10頭を交換したとしましょう．海幸彦は魚10匹を手放し，キツネ10頭を手にいれますし，山幸彦もキツネ10頭を手放して魚10匹を手にいれることになります．交換後の海幸彦と山幸彦が手にした魚とキツネの数は表1.3のようになります．

---

3)　機会費用については，第2章で詳しく説明します．

表1.3 交換後の海幸彦と山幸彦の魚とキツネの数

	魚（匹）	キツネ（頭）
海幸彦	10	10
山幸彦	10	10
総計	20	20

ここで海幸彦と山幸彦が漁と狩りを1人で行っていたとき（自給自足していたとき）の漁と狩りの成果を表した表1.1と海幸彦と山幸彦がそれぞれ自分の得意な漁と狩りに特化し，その後，交換した後に手にした魚とキツネの数を表した表1.3を比較してみましょう．交換後，海幸彦は自給自足のときよりもキツネを5頭余分に手にすることができますし，山幸彦も交換後には魚を5匹余分に手にすることができます．このメリットのことを**分業と交換の利益**と言います．

表1.4 海幸彦と山幸彦の漁と狩りの成果（その2）

	魚（匹）	キツネ（頭）
海幸彦	15	5
山幸彦	10	5
合計	25	10

表1.1の例は，海幸彦が得意なものと山幸彦が得意なものが漁（魚）と狩り（キツネ）で異なっていたのでイメージしやすかったかもしれません．ではつぎのようなケースはどうでしょうか．いま海幸彦と山幸彦ともに5時間ずつ漁と狩りに割り振り，漁と狩りを行うものとします．この表1.4では，魚は海幸彦が得意ですが，キツネについては海幸彦も山幸彦も狩りの得意さは同じです．そこで魚1匹はキツネ何頭に相当するのか，あるいはキツネ1頭は魚何匹に相当するのかを考えてみましょう．漁と狩りに使用する時間は同一ですから海幸彦はキツネ1頭を捕獲する時間で魚3匹を得ることができます．これに対し，山幸彦はキツネ1頭を捕獲する時間で2匹の魚をとることができます．同様に，魚1匹を獲る時間で海幸彦はキツネを1/3頭獲れるのに対し，山幸彦は魚1匹

を獲る時間でキツネを1/2頭獲ることができます．海幸彦も山幸彦も漁（狩り）をしているときは，狩り（漁）をすることができませんので，漁をしているときはキツネを獲るのを諦めなければなりませんし，狩りをしているときは魚を獲るのを諦めなければいけません．そこで魚（キツネ）1匹（頭）を獲るために諦めなければならない魚およびキツネの匹数・頭数は表1.5のように表すことができます．表1.5を見てみると，魚1匹を獲るときに諦めなければならないキツネの頭数は海幸彦の方が少ないことがわかります．これに対し，キツネ1頭を獲るのに諦めなければならない魚の匹数は山幸彦のほうが少ないことがわかります．では諦める魚・キツネの匹（頭）が小さい財に生産を集中させてみましょう．魚1匹を獲るときに諦めなければならないキツネの頭数が相手よりも少ない海幸彦は漁に専念し，キツネ1頭を獲るときに諦めなければならない魚の匹数が相手よりも少ない山幸彦は狩りに専念したとしてみましょう．海幸彦は5時間で魚を15匹獲っていたので，10時間だと30匹の魚を獲ることになります．一方，山幸彦は5時間でキツネを5頭捕獲しているので，10時間あれば，10頭を捕獲することになります．表1.4と表1.6を比較してみると，2人が捕獲したキツネの頭数に変化はありませんが，魚については獲った匹数が多くなっていることがわかります．ゆえに海幸彦と山幸彦の2人にとっては，海幸彦が漁に専念し，山幸彦が狩りに専念したほうがよいということになります．

表1.5　諦める魚の匹数とキツネの頭数

	魚（1匹）に相当するキツネの頭数	キツネ（1頭）に相当する魚の匹数
海幸彦	1/3頭	3匹
山幸彦	1/2頭	2匹

表1.6　特化したときの海幸彦と山幸彦の狩りの成果（その2）

	魚（匹）	キツネ（頭）
海幸彦	30	0
山幸彦	0	10
合計	30	10

キツネについては，海幸彦も山幸彦も捕獲能力に差はありませんでしたが，キツネの捕獲に専念し，海幸彦は漁に専念することで，両者が漁と狩りを同時に行う場合よりも，より多くの獲物を獲得することができます．このようにそれぞれが相対的に生産性が高いモノを持つことを**比較優位**と言います．

1.4 国際分業と特化

経済システムは，図 1.1 で示されているように国内だけに留まりません．わが国のみならず世界中のほとんどの国が自国以外と貿易を行っています．交換の利益が存在するため各国間で貿易が行われているのですが，ここにも国家間で比較優位が存在しており，相対的に得意とするものを輸出し，そうでないものを他国から輸入しています．図 1.2 は，2020 年のわが国の輸出品目・輸入品目の割合を表しています．図 1.2 を見ると，わが国の輸出品目は相対的に機械類が大きな割合を示しています．これに対して，輸入品目は，燃料，食料，原料が相対的に大きな割合を示しています．わが国は他国と比較して相対的に資本集約的な産業に特化し，輸入した燃料や原料をもとに財を生産し輸出していることがわかります．このように国家間でそれぞれ得意とする財に生産を特

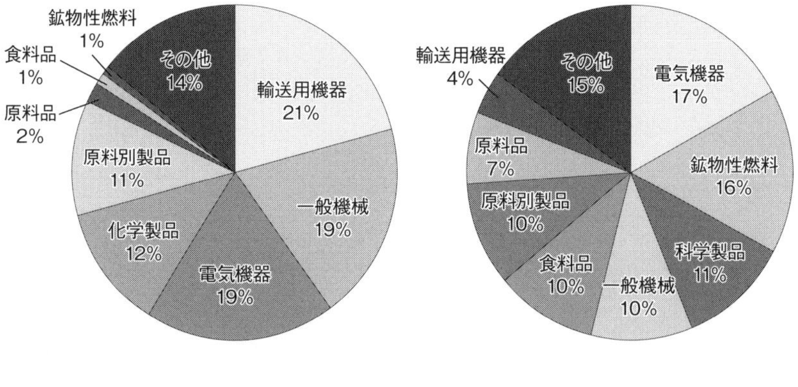

図 1.2 日本の対世界輸出（左）・輸入（右）の商品別割合
出所：財務省「貿易統計」(2020).

化し，交易を行うことを**国際分業**と言います．

1.5　ミクロ経済学とマクロ経済学

最後にミクロ経済学とマクロ経済学について述べておきましょう．私たちが経済システムの中で活動していることは1.2節で述べたとおりです．この経済システムを分析する経済学は大きく2つに分類されます．1つはミクロ経済学と呼ばれる分野で，もう1つはマクロ経済学と呼ばれる分野です．既述したように，対価を支払って財・サービスを購入する家計，労働や資本を使って財を生産し，それを販売し対価を受け取る企業，そして家計や企業から税という形で財貨を徴収し，それを元手にさまざまな公共財や公共サービスを供給する政府と，経済システムの中には複数の経済主体が存在しています．**ミクロ経済学**はこうした各経済主体の意思決定に注目し，その行動やメカニズムを分析対象とする分野です．たとえば日常，私たちはさまざまな財・サービスを購入しています．皆さんも食堂で昼食をとるときどのメニューをいくつ注文しようかを財布の中身と相談して購入していることでしょう．注文する際には決してむやみやたらにその購入量や組み合わせを選択していないはずです．特段に意識はしていないかもしれませんが，なんらかの基準にしたがって皆さんは昼食メニューの組み合わせを考えているはずです．一方，皆さんに料理を提供する食堂も無制限にハンバーグやカレーを提供はしていません．食堂サイドもなんらかのルールに基づいてその数量を決定しているはずです．そして，もう1つの経済主体である政府・自治体も住民から徴収した税をもとに廃棄物処理や市バスの輸送サービスを提供していますが，ここにも経済学のメカニズムにしたがった行動がなされています．ミクロ経済学は英語でMicroeconomicsと表記されるように経済システム全体から見れば小さな各々の経済主体の行動に焦点を当てて分析します．一昔前には大学のミクロ経済学の講義に「価格理論」という講義名をつけていた大学も複数ありました．これはミクロ経済学が経済主体が財・サービスの取引を行う市場における価格の決定メカニズムに着目し，経済学が解決すべき重要な課題である資源配分を分析する分野であるからです．冒頭にあげた例の「今年はカニが不漁で価格が例年の2割増である」といった問題はミクロ経済学の分析対象になります．

これに対して，**マクロ経済学**はそれぞれの経済主体の行動の集計値を用いて分析を行います．わが国の経済成長率，近畿地方の失業率，愛知県の物価水準といったものはいずれも個々の経済主体の活動を集計したものです．ミクロ経済学で分析の対象となった個人の消費行動は，マクロ経済学においては他の個人の消費と併せて一括りで扱い分析します．また企業についてもミクロ経済学では個別の企業の行動に焦点を当てて分析してきたのに対し，マクロ経済学では製鉄業もサービス業も農業もすべて1つの生産部門として考えます．ミクロ経済学が一昔前の大学の講義で価格理論という講義名がつけられていたように，マクロ経済学もまた「国民所得論」あるいは「所得論」という講義名がつけられていました．ただし，ここで言う「所得」というのは私たちが通常イメージするような所得とは異なります．非常に簡単に言ってしまうと，所得とは対象とする国家や地域の富のことを意味します．この富については，フローとストックという重要な概念がありますが，これは第9章にその説明を譲ります．マクロ経済学は，さまざまな経済主体からなる経済システムを1つの箱に入れ，箱の中身を上から見ることで経済全体の動きを分析する分野なのです．冒頭の例であげた「日経平均株価が急落した」や「政府の来年度の予算規模が過去最大である」といった問題はマクロ経済学が分析の対象とする問題です．

ただ，皆さんに誤解してもらいたくないのは，「ミクロ経済学はマクロ経済学より重要である」とか「マクロ経済学を学んでおけばミクロ経済学は必要ない」ということではないということです．ミクロ経済学とマクロ経済学はコインの表裏，タイヤの両輪のように経済学を知るうえで切り離すことができませんし，いずれか一方だけでも不十分です．また，近年の経済学の理論研究分野では従来のミクロ経済学とマクロ経済学との境界がなくなりつつあります．皆さんには本書を通じて経済学という学問に親しみを持ってもらい，願わくばそれぞれの大学で開講されている経済学の各科目を学んでもらいたいと思います．

コラム1：ノーベル経済学賞

ノーベル賞，それは学者であれば誰もが憧れる学術賞です．皆さんも知っているようにノーベル賞には物理学賞，化学賞，生理学・医学賞，文学賞，平和賞，そして経済学賞と6つの賞があり，これらの分野に対して学術的に高い貢献があった研究に与えられる賞です．しかし，ノーベル経済学賞の正式名称はアルフレッド・ノーベル記念スウェーデン国立銀行経済学賞といういまから50年ほど前の1968年にスウェーデン国立銀行が設立300周年を記念して設立された賞なのです．2023年時点でこれまで29人の日本人（日本出身者を含む）がノーベル賞を受賞していますが，経済学賞の受賞者はまだいません．一部ではアルフレッド・ノーベル（1833-1896年）の遺言にはなかった経済学賞をノーベル賞に含むべきではないという意見も出されています．

ノーベル経済学賞を含めるか否かの問題はさておき，ノーベル経済学賞を受賞した経済学の研究が社会の大きな貢献をしたこともまた事実です．歴代のノーベル経済学賞の受賞理由を見ると経済学者たちがどのような関心を持ち，社会に対する処方性を与えてきたのかを垣間見ることができます．

たとえば2018年のノーベル経済学賞を受賞したのは，ウィリアム・ノードハウス（米）とポール・ローマー（米）という2人の研究者ですが，その受賞理由は気候変動や技術革新といった今日最も重要である問題について長期的なマクロ経済分析を行った貢献に対してというものです．私たちの社会には解決していかなければならない問題が山積していることをすでに述べましたが，それに対する政策を考えるためにはこうした基礎的な理論の裏づけは必要不可欠なものなのです．ゆえに経済学は一見，机上の学問に見えるかもしれませんが，学問が持つ輝きはいま現在も失われてはいないのです．

練習問題

1. 2018年12月にTPP11協定（環太平洋パートナーシップに関する包括的および先進的な協定）が発効しました．TPP11協定の発効によってもたらされる利点と懸念される点をそれぞれ例をあげて考えてみましょう．
2. テキストで紹介した例以外にミクロ経済学およびマクロ経済学の分析対象となる経済事例の例をあげてみましょう．

文献ガイド

1. 安藤至大（2013），『ミクロ経済学の第一歩（有斐閣ストゥディア）』有斐閣．
2. 岩田規久男（2007），『経済学への招待（ライブラリ経済学への招待）』新世社．
3. 大塚久雄（1977），『社会科学における人間』岩波新書．
4. 多和田眞・近藤健児（2018），『経済学のエッセンス100（第3版）』中央経済社．

第2章

希少性と資源配分

この章で考えること

- 「希少性」とはなんでしょうか
- なぜ私たちは「選択」をしないといけないのでしょうか
- 「インセンティブ」とはなんでしょうか
- 「機会費用」とはなんでしょうか
- 「市場」はどのような働きをしているのでしょうか

2.1 希少性と選択

経済学とはなにを考える学問でしょうか．経済学には多くの分野があり，たくさんの物事を考えることができますが，その最も基本となるのが選択です．経済学は選択の科学と呼ばれることがあります．選択とは選ぶことです．

では，なぜ私たちは選ばないといけないのでしょうか．ほしいもの，やりたいことをすべてを選ぶことができれば，選ぶ必要はありません．しかし，私たちはそれができません．なぜなら，私たちの欲望を満たすもの（以降は資源と呼ぶことにします）は，欲望の大きさに比べてとても少ないからです．

資源が少ないことを**希少性**と言います．欲望はたくさんあるのに，資源には希少性があるとすれば，私たちはその資源をどう使うかを選ばないといけなくなります．

たとえば，いまあなたはこの本を読んでいると思います．もし，この本を読んでいなければ，他のことに時間を使えたでしょう．あなたはこの本を読むことを選んだのです．この場合の希少な資源はあなたの時間です．また，あなたはこの本を買ったかもしれません．このお金は他のことにも使えたはずですが，あなたはこの本を買うことを選びました．この場合の希少な資源はお金です．このように，時間やお金は私たちの欲望を満たすために使えますが，限られています．そのため，私たちは選ばないといけません．経済学はこの選択を考える学問なのです．

これまで，個人の資源をどう使うか（選択するか）ということを考えてきました．しかしながら，経済学は個人の選択だけを考えるわけではありません．個人と同じように，企業や政府なども選択をしています．企業であれば，どのくらい商品を生産するかを決めたり，政府であれば，税金をなにに使うかを決めたりします．商品を生産するための資源も希少ですし，税金ももちろん希少な資源です．だから選ばないといけないのです．

経済学ではこれらの個人や組織の選択を考えたうえで，社会全体の**資源配分**についても考えます．ここで，資源配分とは，希少な資源がどのように利用されているかということです．具体的には，希少な資源（たとえば労働者の時間）を使って，なにか商品（以降，財と呼びます）が生産され，その財がどの消費者に買われていったのかという流れを考えます．企業が作った財がどのように消費者のもとに配分されるのか，その配分の仕組みの１つが市場です．この市場がどのように動いているのかを明らかにすることは，経済学の主要な目的の１つです．

以降の節では，これまで述べてきた選択を具体的に考えることから始めて，市場がどのように動き，社会全体の資源配分がどうなるのかというあらすじを見ていきます．これらの詳細な説明は第３章以降に書かれています．第２章ではまず，その概略を理解しておきましょう．

2.2　選択とインセンティブ

選択に影響を与えるものを**インセンティブ**（incentive）と言います．特に，ある選択をしたときに，その選択をする理由になるものを正のインセンティブ，その選択をしない理由になるものを負のインセンティブと言います．

経済学では，人がなにかを選択した理由，つまりインセンティブはなにかをつねに考えます．たとえば，あなたはこの本を読んでいますが，なぜでしょうか．ひょっとすると講義の教科書だから，単位を取るための試験勉強として読んでいるかもしれません．その場合，この本を読む正のインセンティブはこの本を読めば単位が取れる（可能性が増える）ということです．

インセンティブの作用を考えることが経済学の特徴です．ときにこれはとても複雑で，意外な結果を生みます．以下の2つの例を見てみましょう．

■例1（ペルツマン効果）　ペルツマン（Peltzman [1975]）はシートベルトの強制は事故の際の死亡者数を減らしているが，交通事故数を増やしているので，結果として交通事故死亡者数を減らさないことを統計的に明らかにしました．これはペルツマン効果と呼ばれます．なぜ，シートベルトの強制は交通事故死亡者数を減らせないのでしょうか．これは，シートベルトを強制したことにより，ドライバーの安全運転をするインセンティブが減ったことで交通事故数が増えるからです．交通事故の際に死亡するリスクは安全運転の強いインセンティブとなっています．シートベルトの強制でドライバーを安全にするとこのインセンティブが失われるので，事故が増加してしまうのです．

■例2（保育園の実験）　イスラエルの保育園でのフィールド実験（Gneezy and Rustichini [2000]）では，保育園の子どものお迎えに来る保護者の遅刻を減らすために罰金を導入した効果を調べています．彼らは最初の4週間は遅れてくる保護者の数を調べました．その後16週間にわたり，10の保育園で10分を超える遅刻に対して罰金を導入し，他の4つの保育園では罰金を導入せずに比較をしました．その結果，罰金を導入しなかった保育園では遅刻者数に大きな変化はありませんでしたが，罰金を導入した保育園ではなんと遅刻者が増加してしまいました．これは，罰金を導入したことで，遅刻をした保護者の保育園に迷惑をかけたという心理的な負担が軽くなったからだと考えられます．保育園の遅刻者にとっては，この心理的負担が遅刻をしないようにするインセンティブとなっていたのでしょう．なお，論文の著者たちも述べていますが，罰金そのものは遅刻を減らす効果があるはずです．しかしながら，罰金を払うことが，心理的な負担という，より大きなインセンティブを下げてしまったのだと考えられます．

以上の2つの例はインセンティブの作用がいかに複雑で，予測しづらいものかを示しています．社会問題やその解決策を考えるときには，インセンティブをよく考え，その解決策がインセンティブをどう変えるかを予測することが重要です．経済学を学ぶことはその予測の助けとなるでしょう．

2.3　選択と費用

私たちは多くのことを望みますが，両立が難しいものが多いです．たとえば，アルバイトをするとお金は手に入りますが，勉強する時間や遊ぶ時間が減ります．お金と時間のように，一方を得ると一方を失うとき，**トレードオフ**があると言います．トレードオフがあるとどちらをどの程度得るのか選ばないといけなくなります．アルバイトの例だと，お金をとるか時間をとるかどちらかをどのくらいにするか，つまり，アルバイトの時間を選ぶことになります．

より簡単な例として，2つの選択肢から1つを選ぶことを考えてみましょう．たとえば，映画に行くか，アルバイトに行くかのどちらかを選ぶとしましょう．映画に行くと楽しいですね．この楽しみが映画に行く正のインセンティブです．以降ではこれを**便益**（benefit）と呼ぶことにします．映画に行くには交通費やチケット料などが必要ですが，これは負のインセンティブです．以降ではこれを**費用**（cost）と呼ぶことにします．一方，アルバイトに行くと，アルバイト代がもらえます．これは便益です．アルバイトは大変なので，その苦痛などの費用もかかりますが，それはここでは考えないことにしましょう．

さて，映画に行くと，楽しさの便益と交通費やチケット料が発生します．もし，

$$映画の便益 - (交通費 + チケット代) > 0$$

なら映画に行くべきでしょうか．違いますよね．映画に行かなければ，アルバイトに行けるのですから，そのメリットを上回らなければ，映画に行くことは合理的な選択とは言えません．したがって，

$$映画の便益 - (交通費 + チケット代) > アルバイトの便益$$

となっていなければいけません．書き換えると，

$$映画の便益 - (交通費 + チケット代) - アルバイトの便益 > 0$$

となっていれば，映画に行くべきです．ここで，アルバイトの便益が映画の交通費やチケット代と同様に映画に行くことの負のインセンティブとなっていることに気をつけてください．つまり，アルバイトの便益は映画に行くことの事実上の費用なのです．このような費用を**機会費用**（oppotunity cost）と呼びます．機会費用とは，それを選ばなかったら得られたであろう便益のことです．これをふまえると，映画に行くことの費用は「交通費 + チケット代 + アルバイトに行っていたら稼げたバイト代」ということになります．

■例 3（個人経営の人件費）　たとえば，あなたが個人経営のラーメン店を始めたとします．ラーメン店の経営には，材料代や光熱費，そしてお店の家賃などの経費がかかりますが，自分で働けば人件費はかかりません．では，売上 − 経費 >0 ならラーメン店の経営は成功で，ラーメン店を続けるべきとなるのでしょうか．経済学で考えると，自分の人件費は機会費用にあたります．なぜなら，ラーメン店をしなければ，他に働きに出て，給料がもらえるだろうからです．したがって，ラーメン店を続けるべきなのは，

$$ラーメンの売上 - 経費 - 他の所で働いたらもらえる給料 > 0$$

ということになります．ここで「他の所で働いたらもらえる給料」が自分の人

件費に相当します．つまり，合理的な決定には機会費用（ここでは，自分の人件費）も考えなければいけません．

2.4　市場と資源配分

2.4.1　需要と供給

ここまでは，合理的な選択について考えてきました．以降の章では需要と供給と市場について考えていきますが，ここでその概要を見ておきましょう．

私たちの当面のゴールである市場とはなんでしょうか．市場は商品の売買が行われる場所のことを言います．いわゆる「いちば」を想像してもらえばよいのですが，私たちは日頃「いちば」ではなく，スーパーやコンビニなどで買い物をしていますよね．しかし，実はその本質的な働きは「いちば」の取引もスーパーマーケットでの買い物も変わらないのです．そこで，これらをすべて合わせたものを市場と呼びます．

経済学では市場で価格が決定されると考えます．この価格決定の仕組みを市場メカニズムと呼びます．この仕組みを表した簡単な図が高校の現代社会や政治経済の教科書にも載っている有名なバッテンです．次章以降で詳しく学びますが，少し先取りして，説明しておきましょう．

（ある財に対する）需要量とはある価格のときに，買手が（ある財を）買う量のことです．同様に，供給量とはある価格のときに，売手が（ある財を）売る量のことです．ここで，通常，買手は消費者や家計と呼ばれ，売手は生産者や企業と呼ばれます．

一方，ただ単に需要といったときには，ある特定の価格のときではなく，いろいろな価格の場合の需要量全体を表していることが多いです．たとえば，牛肉の需要が増加したという場合には，ある価格のときのみを指しているのではなく，どのような価格のもとであっても需要量が増加したという意味になります．供給についても同様です．

需要量も供給量も消費者や生産者が合理的に決定します．つまり，これまで学んできたように合理的な選択をした結果として，需要量と供給量が決定されます．

消費者は通常，価格が低いとたくさん買い，価格が高いとあまり買いません．つまり，需要量は価格が低いと多く，価格が高いと少なくなります．一方，生産者は通常，価格が高いとたくさん売り，価格が低いとあまり売りません．つまり，供給量は価格が高いと多く，価格が低いと少なくなります．

なぜそうなるのかは後の章で考えることにして，ここではこれをグラフにしてみましょう．図 2.1 を見てください．縦軸に価格（p），横軸に量（Q）がとってあります．つい，横軸→縦軸という向きで読んでしまうでしょうが，価格 p（縦軸）→量 Q（横軸）という向きで読んでください

需要量（Q）は価格（p）が低いときには大きくなるはずですから，右下に 1 つ点 A を打ってみましょう．また，需要量は価格が高いときには小さくなるはずですから，左上にもう 1 つ点 B を打ってみましょう．点 A と点 B を通る直線を引いてみると，右下がりになると思います．これが価格（p）と需要量（Q）の関係を表すグラフで，需要曲線と呼びます．

つぎに，図 2.2 を見てください．供給量（Q）は価格（p）が高いときには大きくなるはずですから，右上に 1 つ点 C を打ってみましょう．また，供給量（Q）は価格（p）が低いときには小さくなるはずですから，左下にもう 1 つ点 D を打ってみましょう．点 C と点 D を通る直線を引いてみると，右上が

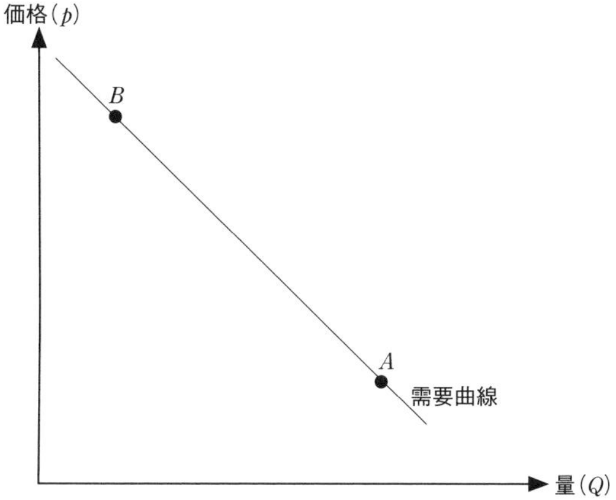

図 2.1　需要曲線

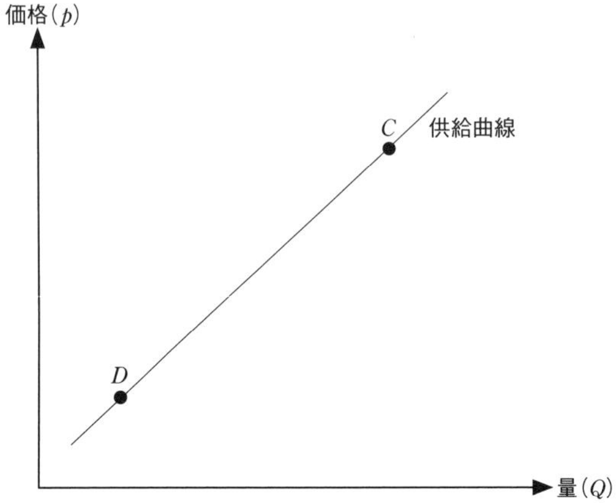

図 2.2 供給曲線

りになると思います．これが価格（p）と供給量（Q）の関係を表すグラフで，供給曲線と呼びます．

2.4.2 市場均衡

この2つのグラフを重ねて書いてみましょう．そうすると，図2.3のように

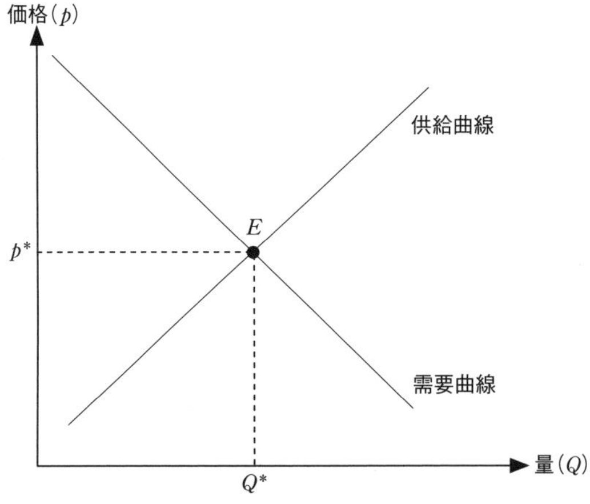

図 2.3 市場均衡

なります．点 E でグラフが交わりますが，この点は重要な意味を持ちます．点 E で横軸の大きさ（Q^*）は需要量と供給量が等しくなっています．この量（Q^*）を均衡量と言い，この状態を市場均衡と呼びます．つまり，消費者が買う量と生産者が売る量が同じになっているので，売り切れも売れ残りもありません．

つぎに，市場均衡である点 E の縦軸の大きさ，すなわち価格 p^* を見てみましょう．この価格 p^* を均衡価格と言います．市場では，市場メカニズムによって，この均衡価格が自動的に成立すると考えられています．ミクロ経済学の大きな目的の1つはこの市場メカニズムを明らかにすることです．

コラム2：合理的な決定と機会費用

経済学の登場人物である消費者や企業は合理的な存在であると仮定されています．この章では，合理的な選択の考え方として，機会費用を説明しました．しかし，私たちはつねにこのように合理的な選択ができるわけではないでしょう．そこで，現実の人がどのような非合理的な選択をするのかを明らかにしている経済学の分野として，行動経済学や実験経済学が注目されるようになってきました．

1つの実験（Kahneman, Knetsch, and Thaler [1990]）を紹介しましょう．

学生をランダムに3つのグループに分け，第1のグループにはマグカップをタダで渡し，価格表に示された価格のうち，いくらで売るかを聞き，第2のグループには同じマグカップをいくらなら買うかを聞きました．第3のグループには価格表に示されているそれぞれの価格について，マグカップと現金のどちらが欲しいか聞きました．その結果，第1グループの売りたい価格のほうが第2グループの買いたい価格より高くなりました（実際の価格はそれぞれ7.12ドルと2.87ドル）．第3のグループについては3.12ドルでした．

もし，合理的な人なら，財に対する評価は一定のはずなので，買いたい価格と売りたい価格の差はないはずです．しかしながら，実験によると売りたい価格のほうが高くなるようです．これは保有効果と呼ばれる，現状維持バイアスの1つとして知られています．現実の人はできるだけ，現状を変化させないことを好むようです．

この現状維持バイアスはなにか新しいことを始めるときにも問題となるでしょう．新しいことを始めるほうがよいことが予想できても，それを始めるのは現状維持バイアスによって困難となります．こうして，個人や組織を問わず，古い非効率なやり方が残っていきます．そのような問題に直面したときには，もう一度，機会費用の考え方を思い出してみましょう．新しいことを始めずに現状維持を選ぶときには，新しいことを始めたときに得られるはずだった利益が機会費用となるのです．つまり，なにかをしないことにも実質的には費用がかかっているということを意識すれば，これからのみなさんの選択は変わってくるはずです．

練習問題

1. N氏は時給2,000円をもらっているサラリーマンです．N氏は普通電車で帰宅すると運賃1,000円で3時間，特急電車だと運賃2,000円で2時間，新幹線だと運賃5,000円で1時間かかります．（ただし，通勤の疲れなどは一切考慮せず，通勤時間を短縮してできた時間は仕事をすることがN氏にとって最適であるとします．）
   (a) N氏が普通電車で帰ったときの機会費用を求めなさい．
   (b) N氏はどの交通手段で帰宅するのが最適でしょうか．
   (c) 各交通手段での帰宅が最適となるN氏の時給の範囲を求めなさい．
2. 計画経済について調べ，市場経済との違いをインセンティブという言葉を用いて述べなさい．

文献ガイド

1. ダン・アリエリー（熊谷淳子訳）(2013)，『予想通りに不合理』早川書房．
2. 市野泰和（2015)，『心と体にすーっとしみこむミクロ経済学』中央経済社．

第3章
需要

この章で考えること

- 需要量に影響を与える要因はなんでしょうか
- 「需要法則」とはなんでしょうか
- 「需要曲線」はなにを表しているのでしょうか
- 「個別需要曲線」と「市場需要曲線」の違いはなんでしょうか

3.1　価格と消費と需要法則

スーパーに買い物に行ったときのことを考えてみましょう．たとえば，あなたはみかんを買いたいと考えて売り場を見てみます．このとき，価格を必ずチェックするでしょう．もし高ければ，みかんはやめてリンゴを買うかもしれないし，安ければ，少し多めに買っておこうかと考えるかもしれません．このように，価格は消費者がどのくらい購入しようとするか，つまり，需要量に大きな影響を与えます．第2章でも説明したように，価格が安ければ，需要量が増えるだろうし，価格が高ければ，需要量は減ることになります．このことを**需要法則**と言います．

しかし，需要行動は価格以外にもさまざまな要因によっても変化します．まず，価格を含め需要に影響を与える代表的な要因をあげてみましょう．

(1) **価格** 価格はすでに述べたように，最も重要な要因です．通常は価格が高ければ，需要量は減り，価格が安ければ，需要量は増えます．

(2) **所得・予算** 価格と密接に関係しますが，予算やそのもととなる所得も重要です．たとえば，1か月に支出できる予算や所得が大きければ，いろいろなものをたくさん買うことができますが，少なければ，買う量を減らすでしょう．つまり，通常は所得・予算が大きければ，需要は増えますが，少なければ需要は減ることになります．

(3) **消費者の好み** みかんが好きな人はたくさん買うでしょうが，そうではない人はあまり買わないでしょう．好みはいろいろな要因で変化しますが，経済学ではそこにはあまり立ち入らず，好みは人それぞれで決まっているとします．実際には，みかんの広告がたくさん流されたり，みかんの健康効果が明らかになったりすると，みかんの需要は増えるでしょう．これは人々の好みが変化したことによる需要の変化と考えます．

(4) **他の財の価格** りんごの価格がとても安いときには，みかんを買うのをやめてりんごを買う人も多くなるでしょう．このように，りんごの価格が変化すると，みかんの価格が変わっていなくとも，みかんの需要が変化します．

(5) **消費者の数** 消費者の数が増えると需要量は当然ですが，増加します．一人の消費者が少ししか買わないものでも多くの人が買う財は需要が大きくなります．

これらのうち，この章では主に(1)の価格について考えます．価格以外の要因である(2)から(5)については，需要曲線のシフトという形で分析します．需要曲線のシフトについては，第5章で学びます．

では，価格が需要量に与える影響について，考えてみましょう．

表3.1はみかんについてのある個人（消費者1）の価格と需要量を表したものです．この表は価格以外の要因が一切変化しないことを前提として，作られています．価格が上がると，みかんの需要量が減っているので，この表は需要法則を満たしていることがわかります．個人によって好みは異なるので，当然，

表 3.1　消費者 1 のみかん需要量

価格	20	40	60	80	100
個数	5	4	3	2	1

需要量は違います．したがって，表の数値は変わりますが，需要法則は満たしているはずです．つまり，どの個人も価格が上がると需要量が減ると考えられます．

3.2　需要曲線

ある 1 つの財についての価格と需要量の関係を表すグラフを**需要曲線**と言います．表 3.1 の価格と需要量の座標を図に書き込むと図 3.1 のようになります．これらの各点を結ぶ直線を描くと図 3.2 のようになります．このグラフはみかんの需要曲線を表しています．

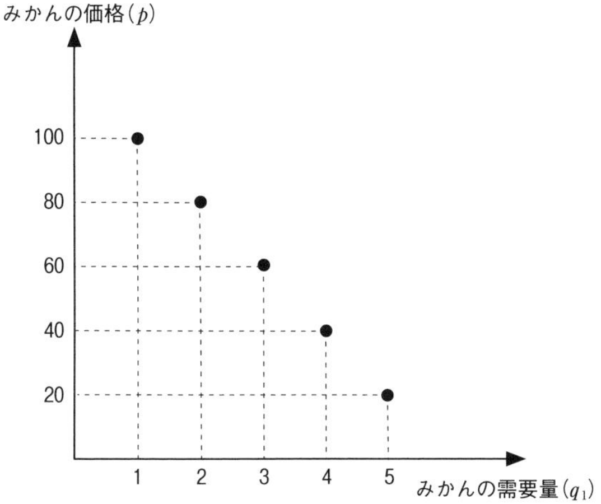

図 3.1　みかんの価格と需要量

3.2.1　個別需要曲線

ところで，図3.2は消費者1のみかんの価格（p）と需要量（q_1）の関係を描いたものです．この個人の需要曲線を特に，**個別需要曲線**と言います．

当然，人によって好みは異なりますから，個別需要曲線は消費者によって異

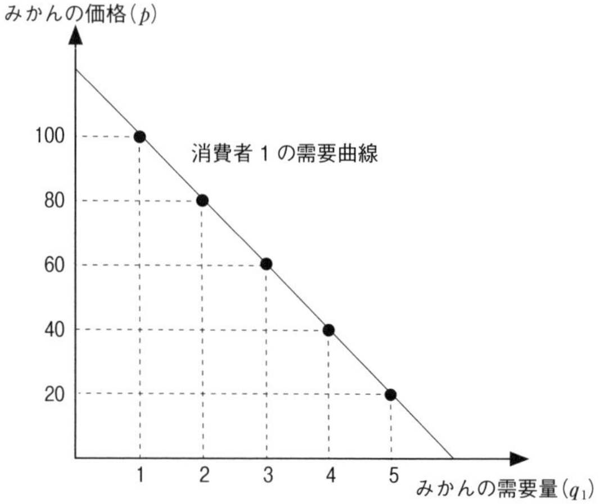

図3.2　消費者1の個別需要曲線

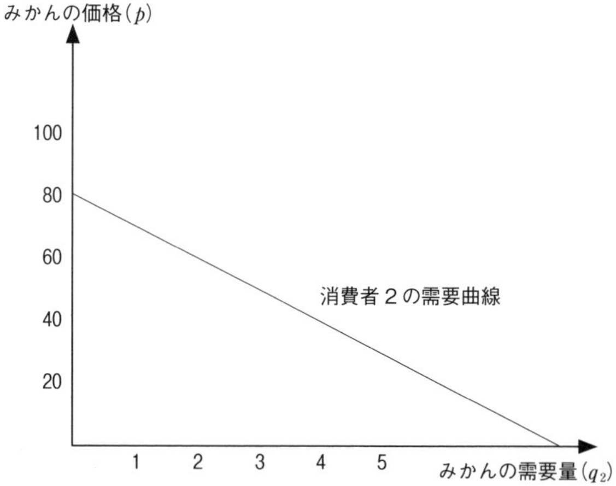

図3.3　消費者2の個別需要曲線

なります．図3.3は別の人（消費者2）の個別需要曲線を描いたものです．グラフの傾きや位置は異なりますが，右下がりなのは同じです．これは需要法則を満たしているからです．個別需要曲線は市場に参加しているすべての消費者についてそれぞれ描くことができます．

3.2.2 市場需要曲線

ある財の市場のすべての消費者の需要量の合計と価格の関係を表すグラフを**市場需要曲線**と言います．

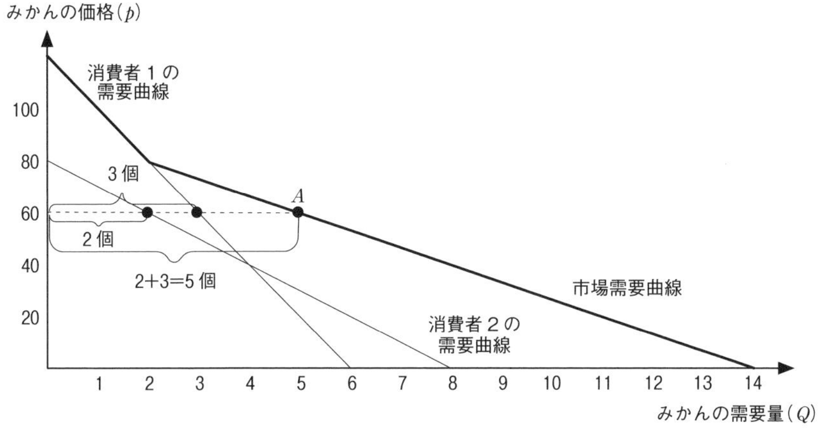

図3.4 市場需要曲線

例として図3.2と図3.3の個別需要曲線を持つ2人の消費者1，2だけがみかん市場に参加しているとして，市場需要曲線を作図してみましょう．市場需要曲線を作図するには，同じ価格のときの2人の消費者の需要量の合計を調べます．これはグラフの同じ高さ（価格）のときの横軸の位置（需要量）を合計すればよいので，グラフを水平方向に足し合わせます．図3.4は価格60円のとき，消費者1の需要量3個と消費者2の需要量2個を足し合わせ，市場需要量の5個を求めています．この点Aのようにグラフを水平方向に合計した点をいくつかとって結ぶと新しいグラフを描くことができます．これが太線で表されている市場需要曲線です．

市場需要曲線の図3.4からもわかるように，市場需要曲線も通常は右下がりになります．個別需要曲線がすべて右下がりの場合，市場需要曲線も必ず右下がりになります．したがって，市場全体の需要量についても，需要法則が成り立ちます．

3.2.3 需要曲線の別の意味

もう一度，個別需要曲線を考えてみましょう．図3.2で，消費者1は価格が60円のとき，3個のみかんを買う意思があることを表しています．このことを第2章で考えたインセンティブの議論を用いて考えてみましょう．

消費者1はみかんを消費することでなんらかの欲望が満たされるというインセンティブがあるのでみかんを購入するはずです．以降では財を消費することで得られる便益を**効用**（utility）と呼ぶことにします．一方で，みかんを買うためには代金を支払わないといけません．これをみかんの費用としましょう．したがって，消費者1は以下の条件が成り立てば，みかんを購入することになります．

$$\text{みかんの効用(便益)} - \text{みかんの価格(費用)} \geq 0$$

ここで，ギリギリみかんを買っても損をしないのは上式の左辺がゼロとなるときです．つまり，みかんの効用と価格が等しくなるときまではみかんを買っても合理的となります．

ところで，上式に出てきたみかんの価格はみかん1つあたりの価格です．みかんの効用もみかん1つあたりです．では，みかんを3個買うという行動はどのように考えればよいのでしょうか．みかん3個分の効用と3個の合計価格とを比較すればよいのでしょうか．実は，これはあまり合理的な考え方ではありません．このことを確認するために，つぎの例を見てみましょう．

表3.2は消費者1がみかんから得られる効用を金額単位で書いたものです．個数が増えるごとに効用が増えているのはみかんをたくさん食べるほうが嬉しいからです．しかし，その増え方はどうでしょうか．表の限界効用の列を見てください．**限界効用**（marginal utility）とは最後に消費した財（みかん）1つから得られる効用を表しています．限界効用はみかんの個数が増えるにつれて減

表 3.2 みかんの効用

個数	効用	限界効用	合計価格
1	100	100	60
2	180	80	120
3	240	60	180
4	280	40	240
5	300	20	300
6	300	0	360
7	280	−20	420

少しています．これは最後に食べたみかん1つから得られる効用はみかんをたくさん消費するほど減少していくことを意味します．みかんもたくさん食べるとお腹がいっぱいになり，飽きてきますよね．だから，最後に食べたみかんの効用（限界効用）が減っていきます．これは**限界効用逓減の法則**と呼ばれるものです．

では，まずあまり合理的でない考え方の例として，効用と価格の合計を比較して買うかどうかを決めてみましょう．表の効用はそれぞれの個数のみかんを食べたときの効用を表していますから，たとえばみかんを3個食べると合計240（円）の効用となります．これが合計価格を超えていれば買うと考えると，ギリギリ買えるのは5個になります．しかし，このときの効用の合計－価格合計はゼロです．これでは実質的にみかんを買う前と嬉しさは変わらないことになります．しかし，たとえば4個みかんを買うと効用の合計－価格の合計は40となるので，こちらのほうが得です．つまり，効用と価格の合計を比較して等しくなるときまで買うのは間違いということがわかります．

では，どのようにすれば，最もお得な買い方ができるのでしょうか．答えは「限界で考えよ」です．すなわち，つぎの1個を買うかどうか（これを経済学では限界的と表現します）を決めることを繰り返すのです．まず，みかんを1個買うかどうかを決めます．このとき，つぎの1個を買うかどうかを考えるため，効用は限界効用を用います．1個目のみかんの限界効用と価格を比較すると，

1個目のみかんの限界効用(100)> みかん1個の価格(60)

となります．したがって，買ったほうが得です．では，2個目は，

2個目のみかんの限界効用(80)> みかん1個の価格(60)

となります．したがって，買ったほうが得です．では，3個目は，

3個目のみかんの限界効用(60)＝ みかん1個の価格(60)

となります．ここで，3個目のみかんの限界効用とみかん1個の価格が等しくなりましたが，損はしないので買うことにしましょう．では，4個目は，

4個目のみかんの限界効用(40)< みかん1個の価格(60)

となります．価格のほうが高いので，買うと損なのがわかります．したがって，4個目は買いません．以上から，みかんは3個買うのがベストです．このとき，効用は240なので，価格の合計180を引くと60得をしています．

さて，本題の需要曲線の別の意味に戻ります．消費者1はみかんの価格が60のとき，3個みかんを買います．これは消費者1の需要量を表しています．需要量は需要曲線を見るとわかりますから，消費者1の需要曲線は価格60のとき3を通ることになります．ここで，先ほどの式を思い出してみてください．消費者1が3個のみかんを買うとき，

3個目のみかんの限界効用(60)＝ みかん1個の価格(60)

となっていました．ということは，みかんの価格60は消費者1の3個目のみかんの限界効用60にもなっています．つまり，需要曲線の縦軸の値60は3個のみかんを買ったときの消費者1の3個目のみかんの限界効用の大きさでもあるのです．

さらに，逆に考えると，消費者1は3個目のみかんに対しては，限界効用と同じ60円までなら買うことを選びます．もし，みかんの価格が60円より高ければ，消費者1は3個目のみかんは買いません．つまり，消費者1が3個目のみかんに支払える最大の価格は60円です．この消費者1が支払える最大の価

格を**支払意思額**と呼びます．需要曲線はこの支払意思額も表していることになります．

以上をまとめると，需要曲線の縦軸の値は

$$価格 = 限界効用 = 支払意思額$$

の３つを表していることになります．

同様のことは図3.4のような市場需要曲線でも考えることができます．市場需要曲線は個別需要曲線の横軸の大きさ（需要量）を足し合わせて作られるものでした．ということは，たとえば価格が60円のとき，消費者１は３個のみかんを，消費者２は５個のみかんを買います．したがって，市場需要量は８個です．最後に買った１個のみかんに対しては消費者１も消費者２も

$$価格 = 限界効用 = 支払意思額$$

となっているはずですから，８個の需要量のときの消費者の支払意思額はみかん１個60円であると言うことができます．もちろん，それ以外の価格や需要量のときも同様のことが言えますから，市場需要曲線の縦軸の値は支払意思額や限界効用を表していることになります．

3.3　消費者行動：需要曲線の導出

この節では，消費者の行動を分析することにより，需要曲線を導きます．少し難しくなりますので，初めて学ぶときは，この節は飛ばしてもかまいません．

3.3.1　予算制約

買い物をしているときを想像してください．まず，予算を考えないといけないと思います．予算はI円としましょう．たとえば，予算が10円だったら，$I=10$となります．

つぎに，なにを買うかを考えます．これまで，みかんを買う状況を考えてきましたが，ここでは，２つの財，１と２を考えましょう．わかりにくければ，１

がみかん，2はりんごと考えてください．財1を買う個数を x_1，財2を買う個数を x_2 とします．

お店では，価格をチェックすると思います．財1の価格が p_1 円，財2の価格が p_2 円だとしましょう．

買える個数を考えてみましょう．支出額は p_1 のものを x_1 個買うと $p_1 \times x_1$ 円かかります．同様に財2については $p_2 \times x_2$ 円かかるので，合計で $p_1x_1 + p_2x_2$ が支出となります．予算は I 円ですから，支出を予算以下にするには

$$p_1x_1 + p_2x_2 \leq I$$

を満たさなければいけません．この制約式を**予算制約式**と呼びます．この式を統合にしてグラフを書いたのが図3.5です（ここでは，$p_1=2, p_2=1, I=10$ としてグラフを書いています）．

図の I_0 線が予算制約線です．この線は予算をすべて使い切って買うことができる x_1 と x_2 の個数に対応しています．たとえば，予算をすべて財1に使うと5個買えるということがわかります．予算を使い切らない場合も買うことはできますから，予算制約線より下側の領域も消費者は選ぶことができます．この予算制約線と x_1 軸，x_2 軸で囲われた三角形の領域は**消費可能領域**とか消費集合と呼びます．したがって，消費者はこの消費可能領域の中から，最も好みな点を選ぶことになります．

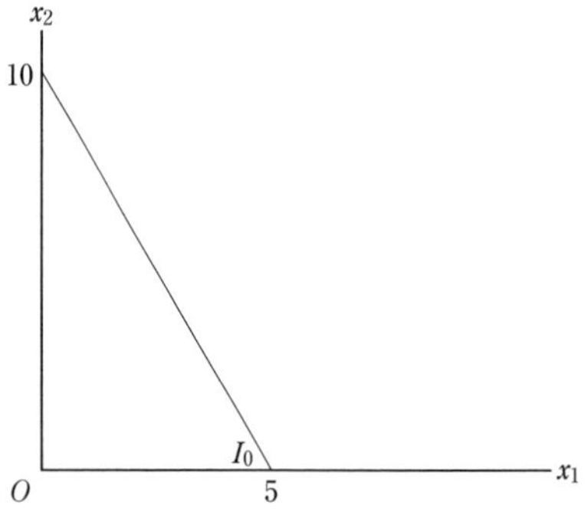

図3.5　予算制約線

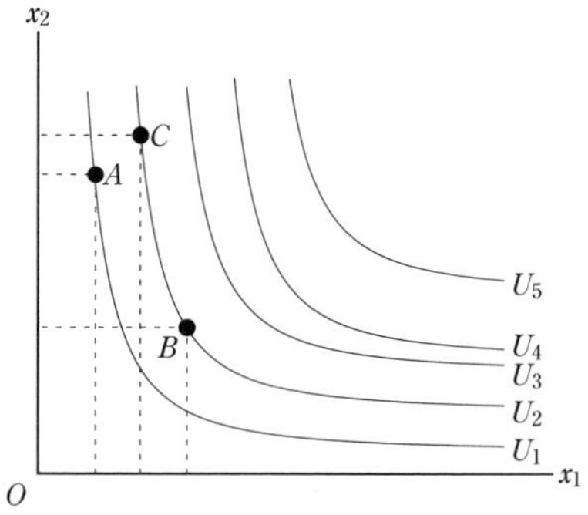

図3.6　無差別曲線

3.3.2　無差別曲線

では，消費者の選好（好み）ということをどのように表現すればよいでしょうか．これは，予算の問題とは違って，人の好みはそれぞれですから，どのような消費者でも同じ表現というわけにはいきません．そこで，どのような人でも成り立ちそうな選好に関する性質のみを使って，最も好みな点（**最適消費点**と呼びます）を図示してみましょう．

まず，2つの消費の仕方のどっちが好きかを考えます．たとえば，(x_1, x_2) = (3,5) と (4,7) だったら，どっちが好きでしょうか．これは，誰に聞いても (4,7) のほうになります．なぜなら，財1も財2も多いからです．このような場合，(4,7) は (3,5) より選好されると言います．では，(3,5) と (4,3) だったら，どうでしょうか．この場合，財1は増えますが，財2は減っています．財1が好きな人だったら (4,3) を選好するでしょうし，財2が好きな人だったら (3,5) を選好するでしょう．つまり，これは人それぞれな好みの問題になってしまいます．この人それぞれな好みをうまく表現するために**無差別曲線**というグラフを作ってみます．

ある人（仮にNさんとしましょう）の選好を考えます．Nさんは (3,5) と (4,3) を比べたとき，どっちでもよいと思っています．このような場合，(3,5) と (4,3) は無差別であると言います．Nさんにいろいろな (x_1, x_2) を聞いて，無差別になる組み合わせを探します．そして，無差別になる (x_1, x_2) を線でつないだグラフを作ります．このグラフを無差別曲線と呼びます．図3.6が無差別曲線の例です．この図には U_1 から U_5 の5本の無差別曲線が描かれています．まず，U_2 に注目してください．U_2 上には2つの点 B と点 C が乗っています．同じ無差別曲線上の点は無差別になるのですから，点 B と点 C は（Nさんにとって）無差別だということがわかります．

つぎに，U_1 上の点 A に注目してください．点 B や点 C とは違う無差別曲線上の点ですから，点 A と点 B，点 A と点 C は無差別ではありません．では，どちらが選好されるでしょうか．点 A と点 B を比べると，財1は点 B が多く，財2は点 A が多いので，誰もがどちらかを選好するということは言えません．しかしながら，点 A と点 C を比べると，点 C のほうがどちらの財も多いので，誰に聞いても点 C が点 A より選好されます．さらに，点 C と点 B は（Nさんにとって）無差別ですから，点 A と点 B だったら，N さんは点 B を選好することがわかります．このように，2本の無差別曲線上の点を比べたとき，必ず右上に位置する（この図だと U_2 は U_1 より右上に位置します）無差別曲線上の点のほうが選好されることになります．より選好される点は効用が高いと考えることもできます．そう考えると，右上に位置する点のほうが効用が高いということになります．

無差別曲線の見方 異なる無差別曲線は異なる効用の高さに対応しています．右上に位置する無差別曲線のほうが効用が高い．つまり，選好されます．

3.3.3 最適消費点

無差別曲線によって，2つの消費点 (x_1, x_2) の効用を比べる（もしくは，どちらが選好されるかを調べる）ことができるようになりました．そこで，無差別曲線を予算制約線と合わせて，消費可能領域の効用を比べてみます．これにより，最も効用の高い点，すなわち，消費可能領域のどの消費点よりも選好される最適消費点を見つけることができます．

図3.7が予算制約線と無差別曲線を合わせて描いたものです．まず，予算を使い切らない消費点は最適消費点の候補から外れます．なぜなら，余った予算でどちらかの財を多く買えば，必ず効用を増やせるからです．したがって，最適消費点は予算制約線の上にあります．では，まず図3.7の点 A を見てください．点 A は予算制約線上にあるので，予算を使い切っています．しかしながら，予算内でもっと効用の高い点が存在します．点 B と比べてみてください．点 B は点 A より財1を増やして，財2を減らしていますので，一見どちらが効用が高いのかはわかりません．そこで，無差別曲線を利用します．点 B と点 C は同じ無差別曲線上の点なので，無差別です．点 A と点 C を比べると，点 C は両方の財が増えているので，点 C のほうが効用は高いです．ですから，点 A より点 C と無差別な点 B は効用が高いことがわかります．

では，点 B より効用が高い点が予算制約線上に他にあるでしょうか．点 B より効用が高い点は U_2 の無差別曲線より右上の無差別曲線上の点でなければ

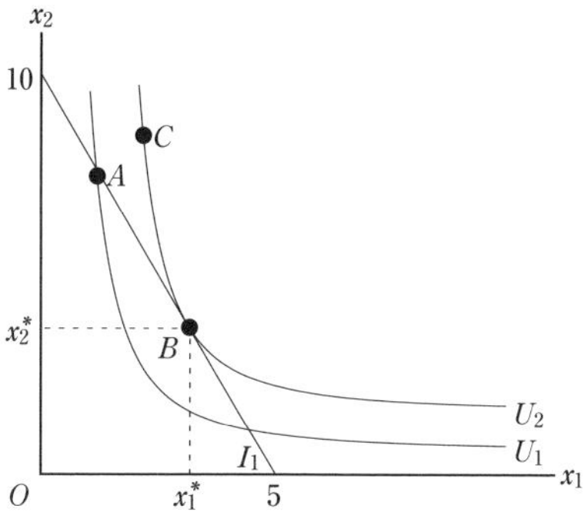

図 3.7　最適消費点

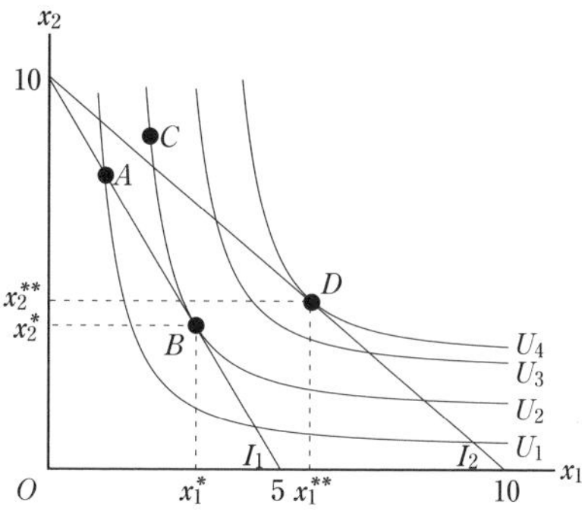

図 3.8　財 1 の価格変化

なりません．しかしながら，予算制約線上の点 B 以外の点を通る無差別曲線は必ず U_2 より左下になります．なぜなら，同一人物の無差別曲線は決して交わることがないからです．（このことは交わった無差別曲線を描くと，矛盾してしまうことから，すぐにわかります．練習問題にしましたので，考えてみてください．）よって，点 B は最も効用が高い点ですから，消費者は点 B を選びます．このような点を**最適消費点**と呼びます．

最適消費点　消費可能領域で最も効用の高い点のこと，予算制約線と無差別曲線が接する点になります．

3.3.4　価格の変化と需要曲線

最後に，価格が変化したときに，最適消費点がどのように変わるかを見てみましょう．財 1 の価格 p_1 のみが下がり，財 2 の価格 p_2 は変化しなかったとしましょう．価格は予算制約線の式 $p_1x_1+p_2x_2 \leq I$ にのみ入っていますので，変化するのは予算制約線だけです．図 3.8 には変化前（I_1）と変化後（I_2）の予算制約線が両方書かれています．x_1 軸との切片が 5 から 10 に変わっているのがわかると思います．これは，財 1 の価格 p_1 が 1/2 倍になったことを意味しています．財 2 の価格 p_2 や予算 I は変化していないので，x_2 軸との切片は 10 のままです．

では，価格変化後の最適消費点を調べてみましょう．最適消費点は予算制約線と無差別曲線の接点になるので，点Dが最適消費点であることがわかります．変化前の最適消費点である点Bと比較すると，財1の消費量はx_1^*からx_1^{**}に増えていることがわかります．このことから，財1の価格が下がると，財1の消費量が増加することがわかります．価格が下がると消費量が増え，価格が上がると消費量が減ることは需要法則と言うのでした．そして，これをグラフにしたのが需要曲線でした．つまり，私たちはいま，(個別) 需要曲線を導出したことになります．

コラム3：価格が上がると需要が増える？

通常は価格が上がると需要が減ります．これを需要法則というのでした．しかしながら，例外はあるもので，価格が上がると需要が増えることもあります．イギリスの経済学者であるギッフェンがこの可能性を指摘したことから，ギッフェン財と呼ばれるようになりました．

なぜ価格が上がると需要が増えることがあるのでしょうか．それはその財が貧しいときに買われるものだということと関係しています．よく例に出されるジャガイモを考えてみましょう．1800年ごろのアイルランドでは貧しい人の多くは安いジャガイモを主食としていました．そのような状況で，ジャガイモの大変な不作が生じました．これにより生じたのが，アイルランド飢饉です．ジャガイモの不作によってジャガイモの価格は上がりました．その結果，主食をジャガイモに頼っていた貧しい人々はますます貧しくなったと予想されます．多くの人がより貧しくなった結果，これらの人々は他の比較的高い食料品を買うお金を主食のジャガイモの購入に回すしかなくなり，価格が上がったにもかかわらず，ジャガイモの需要が増えたと考えられます．つまり，パンなどより安くお腹を満たせるジャガイモは飢饉でより貧しくなった人にとって，他のものより優先的に買うべき財だったのです．

練習問題

1. 以下の個別需要曲線を持つ2人の消費者1，2のみが参加する市場を考えてみましょう．ここで，q は数量，p は価格を表します．

$$消費者1の需要曲線：p = -4q + 21$$
$$消費者2の需要曲線：p = -2q + 14$$

(a) 消費者1，2の個別需要曲線を書きなさい．

(b) 市場需要曲線を書きなさい．

(c) 価格が11円のときの市場需要量はいくらでしょうか．

2. 以下のグラフを用いて，無差別曲線が交わっていると矛盾することを説明してください．ただし，U_1 と U_2 は同じ人物の無差別曲線であるとします．

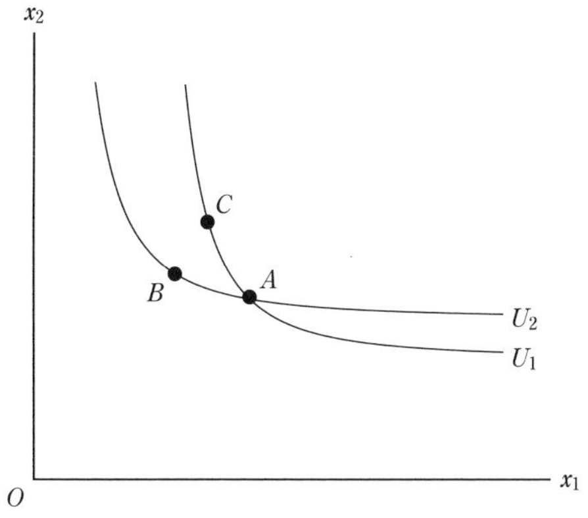

図 3.9　交わった無差別曲線

文献ガイド

1. 小川光・家森信善（2016），『ミクロ経済学の基礎』中央経済社.

2. スティーヴン・レヴィット，オースタン・グールズビー，チャド・サイヴァーソン（安田洋祐・高遠裕子訳）（2017），『ミクロ経済学　基礎編』東洋経済新報社.

第4章
供給

この章で考えること

- 供給量に影響を与える要因はなんでしょうか
- 「供給法則」とはなんでしょうか
- 「供給曲線」はなにを表しているのでしょうか
- 「個別供給曲線」と「市場供給曲線」の違いはなんでしょうか
- 生産者が生産を停止するのはどのようなときでしょうか
- 短期と長期の違いはなんでしょうか
- 「市場均衡」では価格はどのように決定されているのでしょうか

4.1　価格と生産

供給量も需要量と同じように価格によって変化します．たとえば，以前買ったスマートフォンを売ろうかと考えているとします．もし，安くしか売れないのであれば，手元に予備としてとっておいたほうが得だと考えるかもしれません．でも，とても高く売れるのであれば，すぐに売りたいと思うでしょう．このように，売手が財を売りたいと考えている量（供給量）は，価格が上がれば増えますが，価格が下がれば減ります．

財の売手のことを経済学では供給者あるいは生産者と言ったり，企業と言ったりします．財を生産している場合も考え方は同じです．実際に畑から野菜を生産している農家や工場で自動車を生産している企業と野菜を仕入れて小売りしている小売店や自動車を仕入れて販売しているディーラーではまったく違う種類の売手のような感じがしますが，経済学では同じように生産者として扱います．後者の小売店やディーラーなどの流通業者はなにも生産していないように思われるかもしれませんが，これらの企業は消費者が買いやすいように店舗に並べたり，説明したりするサービスを生産し，野菜や自動車に付加価値を付けて売っているのです．このように，どのような売手であってもなんらかの財を生産している生産者と考えることができます．スマートフォンを売ろうとしている人と同様に，価格が高ければ，生産者は利益が大きくなるので生産量を増やしたり，いままで利益が出ず参入できずにいた生産者も新規参入してきます．逆に価格が低ければ，生産量を減らしたり，生産者が市場から撤退して生産をやめたりします．このことにより供給量が変化します．

第3章で学んだ需要と同様に，供給も価格以外にもさまざまな要因によって変化します．供給に影響を与える代表的な要因をあげてみましょう．

(1) **価格**　価格は供給量に関しても，最も重要な要因です．価格が高ければ，供給量は増え，価格が安ければ，供給量は減ります．

(2) **生産費用**　生産費用は生産者が販売する財を生産するあらゆる費用を表します．生産費用が高くなれば，供給量は減り，生産費用が安くなれば，供給量は増えます．

(3) **他の財の価格や生産費用**　たとえば，りんごの価格が上昇したり，生産費用が減少すると，みかんを生産していた農家がりんごのほうが利益が高いからとりんご農家に転業するかもしれません．このように，他の財の価格や生産費用の変化が供給量に影響を与えることがあります．

(4) **生産者の数**　生産者の数が増えると供給量は増加します．

これらのうち，この章では主に(1)の価格について考えます．価格以外の要因である(2)から(4)は供給曲線のシフトという形で分析します．供給曲線のシフトについては第5章で学びます．

表 4.1　生産者 1 のみかん供給量

価格	20	40	60	80	100
個数	2	4	6	8	10

では，まず価格が供給量に与える影響について，考えてみましょう．

表 4.1 はみかんについてのある生産者 1 の価格と供給量を表したものです．この表は価格以外の要因が一切変化しないことを前提として作られています．価格が上がると，みかんの供給量が増えているので，この表は供給法則を満たしています．通常，生産者によって生産費用は異なるので，同じ価格に対しても供給量が異なります．したがって，表の数値は生産者によって変わりますが，供給法則は満たします．つまり，どの生産者も価格が上がると供給量を増やすと考えられます．

4.2　供給曲線

ある 1 つの財についての価格と供給量の関係を表すグラフを**供給曲線**と言い

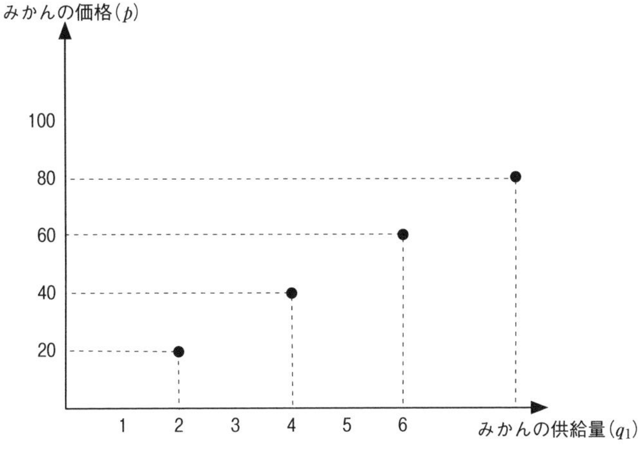

図 4.1　みかんの価格と供給量

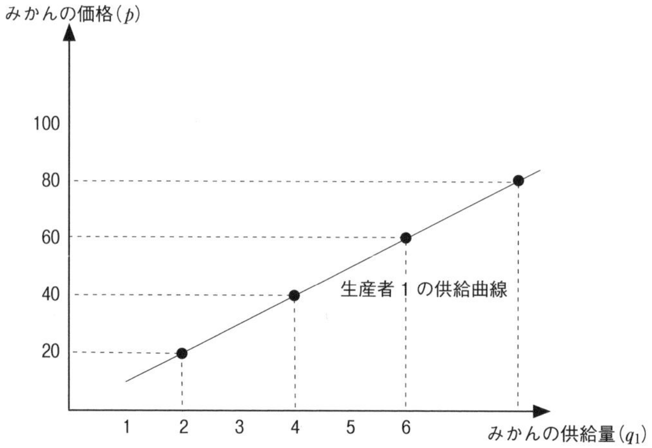

図4.2　生産者1の個別供給曲線

ます．表4.1の価格と供給量の座標を図に書き込むと図4.1のようになります．これらの各点を結ぶ直線を描くと図4.2のようになります．このグラフはみかんの供給曲線を表しています．

4.2.1　個別供給曲線

図4.2はある生産者1のみかんの価格(p)と供給量(q_1)の関係を描いたものです．このような個々の生産者の供給曲線を特に，**個別供給曲線**と言います．

生産者によって生産費用は異なり，同じ価格に対する供給量が違いますから，個別供給曲線は生産者によって異なります．図4.3は別の生産者2の個別供給曲線を描いたものです．グラフの傾きや位置は異なりますが，右上がりであることは同じです．これは供給法則を満たしているからです．

4.2.2　市場供給曲線

ある財の市場のすべての生産者の供給量の合計(Q)と価格(p)の関係を表すグラフを**市場供給曲線**と言います．

例として図4.2と図4.3の個別供給曲線を持つ2人の生産者1，2だけがみかん市場に参加しているとして，市場供給曲線を作図してみましょう．市場供

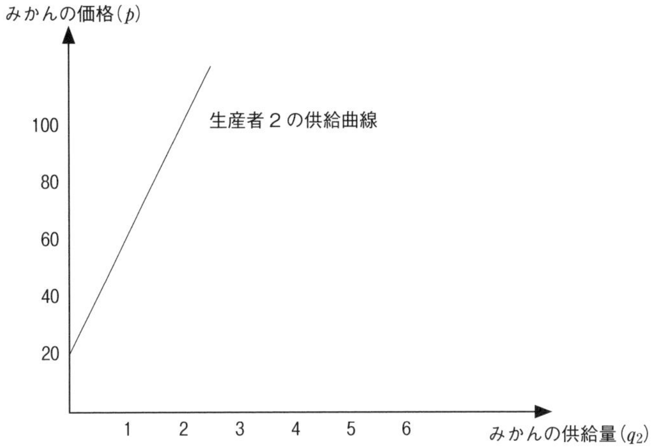

図 4.3　生産者 2 の個別供給曲線

給曲線を作図するには，同じ価格のときの 2 人の生産者の供給量の合計を調べます．これは，グラフの同じ高さ（価格）のときの横軸の位置（供給量）を合計すればよいので，グラフを水平方向に足し合わせます．図 4.4 は価格 60 円についてこの作業をしたものです．このような点をたくさんとって結ぶと新し

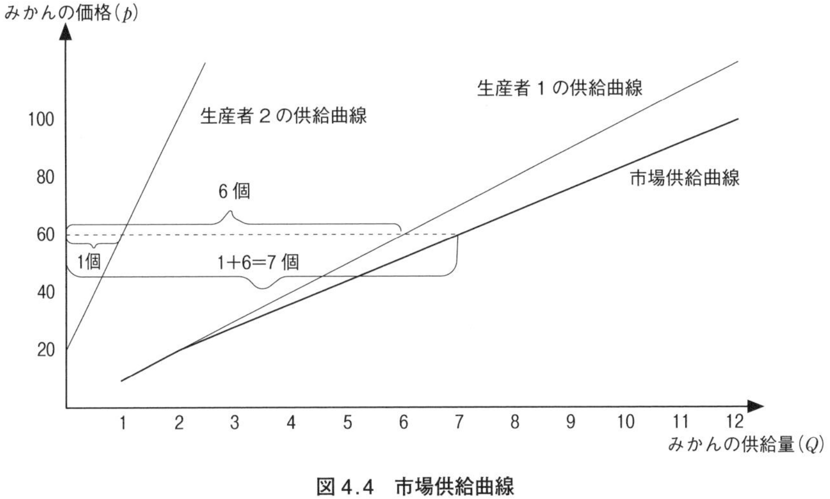

図 4.4　市場供給曲線

いグラフが描けます．これが市場供給曲線です．

市場供給曲線の図4.4からもわかるように，個別供給曲線がすべて右上がりなので，市場供給曲線も通常は右上がりになります．したがって，市場全体の供給量についても，供給法則が成り立ちます．

4.2.3 供給曲線の別の意味

個別供給曲線をもう1度詳しく考えてみましょう．みかんを生産するにはさまざまな費用がかかります．生産者がどのくらいのみかんを生産するかを決定するには，需要曲線のときにも考えたように，限界的に考えるのが合理的です．

そこで，表4.2を見てください．各個数を生産するときに必要な費用が書かれています．また，それぞれ追加で1つ生産するときに必要な費用である**限界費用**（marginal cost）も書かれています．限界費用は通常は生産するにしたがって増加していきます．この性質を**限界費用逓増の法則**と言います．

たとえば，価格が60円のときに何個生産すべきかを考えてみましょう．1つずつ作ればよいかどうか，つまり，限界的に考えるのが合理的です．では1個目から考えてみましょう．1個目を生産すると，60円収入が増え，10円費用が増加します．これを比較すると，

$$\text{みかんの価格}(60) > \text{限界費用}(10)$$

となるので，作ったほうが得だとわかります．同様に2，3，4，5個目までは価格が限界費用を上回っていますので，作ったほうが利潤が増え得です．6個目

表4.2 生産者1の費用と限界費用

個数	費用	限界費用	個数	費用	限界費用
0	20		6	230	60
1	30	10	7	300	70
2	50	20	8	380	80
3	80	30	9	470	90
4	120	40	10	570	100
5	170	50	11	680	110

については

$$価格(60) = 限界費用(60)$$

となり，利潤は変化せずなんとか生産できます．しかし，7 個目では，

$$価格(60) < 限界費用(70)$$

となり，生産すると利潤が減るので，生産しないほうが得です．したがって，生産者 1 は 6 個作るのが最適です．

生産者 1 が最適な 6 個を生産しているとき，価格 60 円と限界費用は一致しています．また，個別供給曲線の 60 円のときに対応する点は生産者が選ぶ最適な供給量を表していますので，やはり 6 個になっています．つまり，個別供給曲線の縦軸の値は限界費用も表しているのです．

以上をまとめると，供給曲線の縦軸の値は価格と限界費用の 2 つの値を表していることになります．

同様のことは図 4.4 のような市場供給曲線でも考えることができます．市場供給曲線も個別供給曲線の横軸の大きさ（供給量）を足し合わせて作られました．ということは，たとえば価格が 60 円のとき，生産者 1 は 6 個のみかんを，生産者 2 は 1 個のみかんを生産します．したがって，市場供給量は 7 個です．このとき，みかんの限界費用は生産者 1 も生産者 2 も 60 円になっていますから，市場供給曲線上の価格と数量については

$$価格 = 限界費用$$

となっています．つまり，市場供給曲線の縦軸の値は限界費用を表していることになります．

4.3 費用曲線

この節では，供給曲線のもととなる費用曲線について詳しく説明します．少し難しくなりますので，初めて学ぶときはこの節は飛ばして，4.4 節から読ん

でもかまいません.

4.3.1 平均費用, 平均変動費用, 限界費用

生産費用の分析は生産者行動を知るうえでとても重要です. そのため, 経済学ではさまざまな観点から費用を分析します. まず, 費用の分割から始めましょう.

総費用（費用）は**変動費用**（variable cost）と**固定費用**（fixed cost）に分けられます.

$$\text{総費用}\,C = \text{変動費用}\,VC + \text{固定費用}\,FC$$

変動費用は生産量によって変化する生産要素の費用を表しています. たとえば, 材料費です. パン屋だと, パンを作れば作るほど, 小麦やガスなどを多く使うと思います. これらの費用が変動費用になります. 一方, 固定費用は生産量によっては変化しない費用を表します. たとえば, 機械設備や建物などの費用です. パン屋だと, ある日にパンをまったく作らなくても, パン釜などのレンタル代やお店の家賃はかかっています. このような減らせない費用（サンクコスト）が固定費用です. ただし, 短い期間ではサンクコストとなっていても, 長い期間では削減できます. たとえば, 店舗の賃貸契約は解約を申し込んで, 6か月間は解除できないような契約をすることも多いです. この場合, 6か月以内の短い期間であれば, 家賃は固定費用ですが, それ以上の長い期間では, 解約しゼロにできるので変動費用となります. このように, 固定費用が存在する期間を**短期**, すべて変動費用となる期間を**長期**と呼びます. 以下では, まず, 固定費用が存在する短期を考えましょう.

生産量1単位あたりの費用を**平均費用**（average cost）と呼びます. つまり,

$$\text{平均費用}\,AC = \frac{\text{総費用}\,C}{\text{生産量}\,Q}$$

が平均費用の定義です. さらに, 総費用を変動費用と固定費用に分けるとつぎのようになります.

$$\text{平均費用}\,AC = \frac{\text{変動費用}\,VC}{\text{生産量}\,Q} + \frac{\text{固定費用}\,FC}{\text{生産量}\,Q}$$

ここで，VC/Q は**平均変動費用** AVC（average variable cost），FC/Q は**平均固定費用** AFC（average fixed cost）と呼びます．

つぎに，生産量を1単位増加させたときの総費用の増加分を**限界費用**と呼びます．これは，微分を用いると，

$$\text{限界費用}\ MC=\frac{dC}{dQ}$$

と定義できます．

限界費用 MC，平均費用 AC，平均変動費用 AVC のグラフを描くと，図4.5になります．この3つの曲線の位置関係は重要です．まず，平均費用曲線 AC は平均変動費用曲線 AVC の上を通ります．これは，平均固定費用 AFC の分だけ AVC が AC より小さいからです．そして，限界費用曲線 MC は平均費用曲線 AC と平均変動費用曲線 AVC の最低点を必ず通ります．では，生産者が決定する供給量を考えてみましょう．前節で考えたように，生産者が選ぶ供給量（つまり，供給曲線）では価格 = 限界費用となっているのでした．ですから，図4.5で，縦軸を価格と考えると，縦軸から限界費用曲線 MC にぶつけて，下に下げたところの Q がその価格での生産者が選ぶ供給量となります．

4.3.2　損益分岐点，操業停止点，短期供給曲線

さて，このとき，利潤がどうなっているかを考えてみましょう．利潤を考えるときは平均費用と平均変動費用が重要です．まず，価格が十分高い（$p>p_1$）ときを考えてみましょう．このとき，生産者が選ぶ供給量は Q^* です．そのときの平均費用は Q^* から上にたどって，曲線 AC にぶつかったところの高さです．これは，p より小さいので，$p>AC$ となっています．つまり，価格は平均費用より高いことになります．平均費用というのは生産量1単位あたりの総費用でしたから，生産量1単位あたりの収入である価格のほうが高いということは，利潤が正，すなわち黒字になっていることを示しています．したがって，価格が下落して，$p=p_1$ となったとき，生産者は点 A に対応する生産量 Q を選びますが，$p=p_1=AC$ となるため，利潤はゼロになります．これより価格が下がり，$p<p_1$ となると，利潤は負になるので，A は**損益分岐点**と呼ばれます．

では，$p<p_1$ となり，赤字になるなら，生産者は生産をやめ，生産量をゼロ

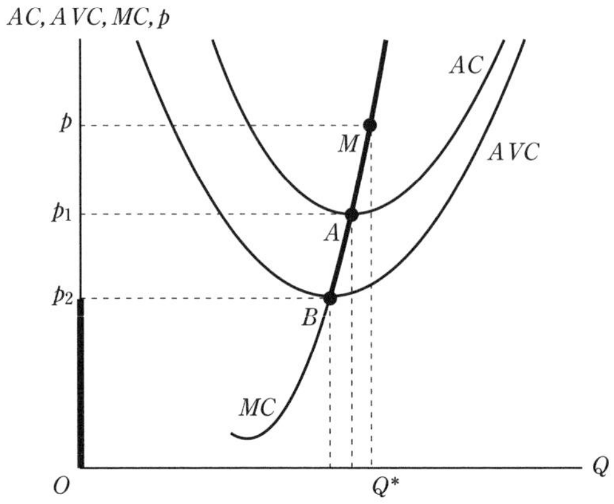

図 4.5　（短期の）平均費用曲線，平均変動費用曲線，限界費用曲線

にすべきでしょうか．答えはノーです．なぜならば，固定費用を含めると利潤はマイナスですが，固定費用は短期ではサンクコスト，つまり，取り戻せない費用だからです．生産量をゼロにしても，固定費用はかかり続けるわけですから，固定費用を除いた変動費用より収入が大きければ，生産をしたほうが赤字は少なくなるのです．したがって，$p<p_1$ となっても生産者は短期では生産を続けます．

では，生産をゼロにすべきなのは，どこまで価格が下がったときかというと，それは，平均変動費用 AVC より，価格が低くなったときです．価格が $p=p_2$ となったとします．このとき，生産者は点 B に対応した生産量を選びますが，点 B では $p=p_2=AVC$ となります．平均変動費用 AVC は生産量 1 単位あたりの変動費用ですから，これが価格と等しいということは，収入から変動費用（材料費など）を払うと，残ったお金はゼロになります．これ以上価格が下がる（$p<p_2$）と生産量 1 単位あたり価格－変動費用（$p-AVC$）の赤字が出ます．つまり，売れば売るほど赤字が増えるという状況になるので，生産者は生産をストップしてゼロにします．そのため，点 B を**操業停止点**と呼びます．

以上のことから，短期の供給曲線は限界費用曲線（MC）と完全に一致するわけではなく，一致するのは価格が操業停止点より高いときになります．したがって，短期の供給曲線は図 4.5 の太線のようになります．

4.3.3　短期から長期へ

短期から長期になると，まず固定費用がなくなります．費用はすべて変動費用となり，生産者は柔軟に生産量を変えられることになります．そのため，長期平均費用曲線は長期平均変動費用曲線と同じになります．また，長期では新たな生産者の参入や退出も起きます．赤字になった企業は生産をストップして廃業をし，既存の生産者が黒字になっていたら，その利潤を狙って，新たな生産者が参入してきます．そのため，長期の完全競争市場ではすべての生産者の利潤はゼロになります．利潤がゼロになると聞くと，その企業はなんのために生産活動をやっているのかと思ってしまいますが，経済学の利潤というのは，仕入れ先の企業に代金を払い，従業員に給料を払い，地主に地代を払い，株主に利益を配当して，そのうえで，残ったお金のことです．したがって，利潤がゼロでもその企業が存続していく意味はあるのです．

4.4　市場均衡

この節では，市場需要曲線と市場供給曲線を用いて，市場で価格がどのように決まるかを考えます．

これまで考えてきたように，市場での需要量や供給量は価格によって決まります．では価格はどのように決まるのでしょうか．実は，価格は需要量と供給量が等しくなるように決まります．まずは価格がどこに決まるのかを市場需要曲線と市場供給曲線を用いて確認しておきましょう．

図 4.6 は第 2 章でも見た市場均衡の図です．**均衡**（equilibrium）とは需要量と供給量が等しくなることです．価格は均衡点 E の縦軸の高さで決まります．この価格 p^* を**均衡価格**と言います．また，均衡点 E の横軸の値 Q^* は**均衡量**とか**均衡取引量**と言います．市場均衡のもとでは，均衡取引量と需要量と供給量は等しくなっており，均衡価格 p^* のもとでは，売れ残りも売り切れも発生しません．

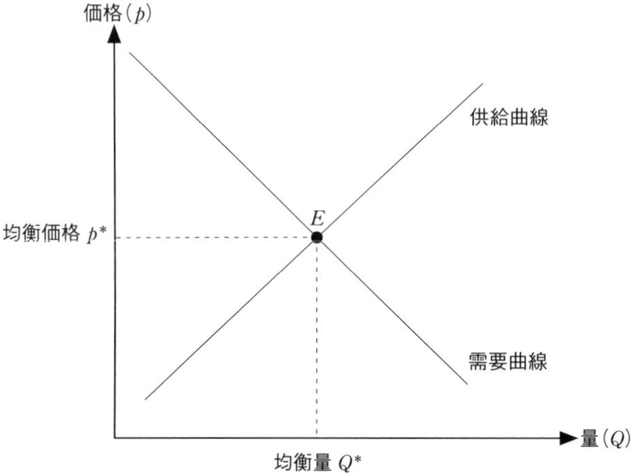

図 4.6　市場均衡

では，なぜ価格は均衡価格になるのでしょうか．これは**市場メカニズム**と呼ばれる働きが関係しています．市場メカニズムは価格の自動調整メカニズムとも呼ばれる価格の調節機構のことです．このメカニズムは価格が均衡価格から外れたときに均衡価格に戻すように機能します．以下では，価格が均衡価格より高い場合と，低い場合に分けて，市場メカニズムの働きを見てみましょう．

図 4.7 では均衡価格 p^* より高い価格 $\bar{p}$ が付いています．このとき，供給量 Q^S は均衡量 Q^* より大きくなり，需要量 Q^D は均衡量 Q^* より小さくなります．その結果，売れ残りが発生します．供給量が需要量を上回り，売れ残りが発生する状態を**超過供給**と言います．図 4.7 では，この超過供給の大きさ（$Q^S - Q^D$）を描いています．超過供給が起きると，価格が下がっていきます．売れ残りが起きると，値下げしてでも，なんとかして売りたいと考える売手が出てくるからです．価格が下がると，供給量は減少し，需要量は増え，均衡量 Q^* に近づいていきます．超過供給がある限りは価格が下がるため，最終的には均衡価格 p^* になるわけです．

図 4.8 では，先ほどとは逆に均衡価格 p^* より低い価格 $\underline{p}$ が付いています．このとき，供給量 Q^S は均衡量 Q^* より小さくなり，需要量 Q^D は均衡量 Q^* よ

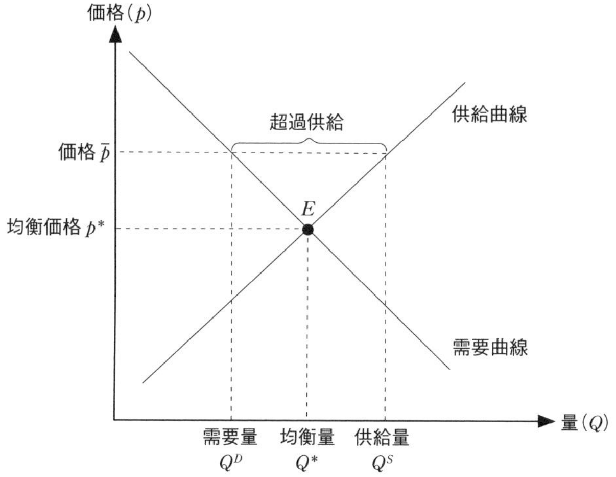

図 4.7　価格が均衡価格より高い市場：超過供給

り大きくなります．その結果，売り切れが発生します．需要量が供給量を上回り，売れ切れが発生する状態を**超過需要**と言います．図 4.8 では，この超過需要の大きさ（$Q^D - Q^S$）を描いています．超過需要が起こると，価格が上がっていきます．売り切れが起き，品薄になっている場合，価格を上げてより利益を上げたいと考える売手が出てくるわけです．価格が上がると，供給量は増加し，需要量は減り，均衡量 Q^* に近づいていきます．超過需要がある限りは価格が上がるため，最終的には均衡価格 p^* になります．

以上で考えたように，超過供給が起きると価格が下がり，超過需要が起きると価格が上がるという市場メカニズムが働くだけで，均衡価格になり，需要量と供給量が一致する均衡状態が達成されます．これは，だれかがこのように計画して起きるわけではなく，市場に参加しているたくさんの売手と買手が自分のことだけを考えているにもかかわらず，市場全体としては均衡状態になるのです．

この章では，市場メカニズムによって自動的に成立する市場均衡では売り切れや売れ残りが起きないということを示しました．しかし，これが良いか悪いかはまた別の問題です．第 6 章では，この市場均衡が果たして望ましい状態で

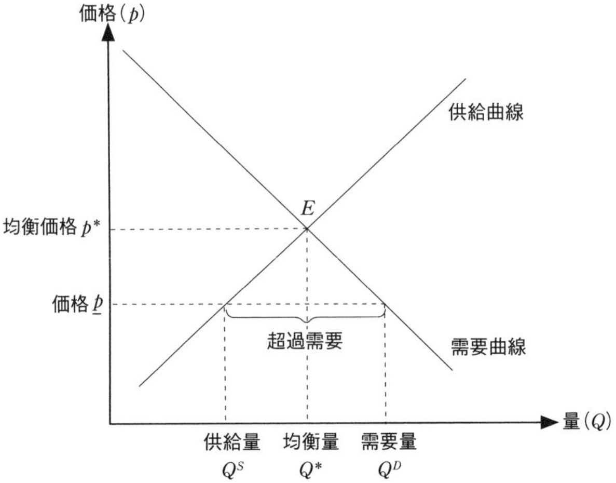

図 4.8 価格が均衡価格より低い市場：超過需要

あるかどうかを検討します.

コラム 4：値上げするのは悪いこと？

冬になるとインフルエンザなどが流行し，マスクが品薄になっているというニュースが流れることがよくあります．このとき，ネットなどで便乗値上げをしていて，けしからんという話がされることがありますよね．品薄につけこんで値上げするのは卑怯な行為であるという意見だと思いますが，経済学的にはどのように考えればよいでしょうか.

もちろん，値上げされることはマスクを購入した消費者にとっては高く買うわけですから不利益になります．一方，企業は高く売れるわけですから，利益が増えます．これだけを考えると，世間で言われるように企業が悪いと言いたくなるのもわかりますが，品薄が起きているときには，買えない人が生じていることを忘れてはいけません．つまり，市場は超過需要になっているのです．超過需要のときに価格が上がらないと，品薄は解消しません．品薄の際にはマスクを求めて取り合いが起きていますから，買えた人と買えない人が出てきます．このとき，買えた人が必ずしも買えない人よりマスクが必要な人とは限りません．健康状態が悪くてマスクがどうしても必要なのに買えないという人が出てきます．

市場メカニズムが働いて，値上げが起きると，このような問題は早く解決します．なぜなら，価格が上がると，マスクがそんなに必要ではない人は買わなくなり，とても必要な人が買えるようになるからです．また，価格が上がることで，企業は生産量を増やすインセンティブができ，マスクの供給量が増加し，品薄も解消されていきます．

このように，品薄にともなう値上げは必ずしも社会的に悪いことではなく，値上げをする企業が出てくるから，必要な人のところに必要なものが行き渡るという側面があります．

練習問題

1. 以下の需要曲線と供給曲線となるある財の市場を考えます．ここで，p は価格，Q は数量を表します．

$$\text{需要曲線：} p = -4Q + 21$$
$$\text{供給曲線：} p = Q + 6$$

(a) 需要曲線と供給曲線のグラフを書きなさい．

(b) 市場均衡での価格と数量を求めなさい．

2. 限界費用逓増の法則を 4.2.3 節で学びました．では，なぜ限界費用は生産量が増えるにしたがって増加するのでしょうか，説明しなさい．

3. 固定費用が変動費用に比べてとても大きい場合，生産量が増えると平均費用はどのように変化するでしょうか．説明しなさい．

文献ガイド

1. 神取道宏（2014），『ミクロ経済学の力』日本評論社.
2. 林貴志（2013），『ミクロ経済学（増補版）』ミネルヴァ書房.

第5章
弾力性とシフト

この章で考えること

- 弾力性とはなんでしょうか
- 弾力性が大きい，小さいとはどのようなことを意味するのでしょうか
- 弾力性の違いはどのようなことをもたらすでしょうか

5.1　需要の価格弾力性

第3章では，価格と需要量の関係を描いた需要曲線について学びました．多くの財・サービスは価格が下がると需要量は増え，反対に価格が上がると需要量は減りました．いま2種類の財があり，各財の価格が同じ額だけ下がったとしましょう．すでに述べた需要法則から価格が下がったことによって2種類の財の需要量はともに増えます．しかし，価格が同じ額だけ下がったからといって需要量も同じだけ増えるとは限りません．価格が下がると需要量が大きく増える財もありますし，さほど需要量が増えない財もあります．つまり，価格が変化したときの需要量の増減の程度は財・サービスごとに異なっているのです．経済学では価格が変化したときに需要量がどの程度変化するのかを表す指標に**需要の価格弾力性**というものがあります．ある財・サービスの価格が変化したとき，その需要量が大きく変化するときは**価格弾力的**であると言い，需要量が

あまり変化しないときは**価格非弾力的**であると言います．

弾力性を考えるときに重要な概念に**変化率**というものがあります．変化率とは変化前の数量に対して変化した数量の割合を表したものです．需要の価格弾力性は，価格の変化率に対する需要量の変化率の割合で表されます．まず p_0 という価格のもとで q_0 の需要量があるとしましょう．いま価格が p_0 から p_1 に上がったとしましょう．変化後の価格 p_1 のもとでの変化後の需要量を q_1 とすると，価格の変化量は p_1-p_0 で求めることができます．価格の変化率を「**価格の変化量／変化前の価格**」で表すと，$(p_1-p_0)/p_0$ で表すことができます．同様に，需要量の変化量は q_1-q_0 なので，需要の変化率を「**需要の変化量／変化前の需要**」で定義するならば，$(q_1-q_0)/q_0$ で表すことができます．いま需要の価格弾力性を ε_d で表記するならば，ε_d は以下のように与えられます．

$$\varepsilon_d = -\frac{\dfrac{q_1-q_0}{q_0}}{\dfrac{p_1-p_0}{p_0}} \tag{5.1}$$

ここで，(5.1) 式に具体的な数値をあてはめて，実際に需要の価格弾力性を求めてみることにしましょう．ある市の市営バスの運賃は1回あたり200円で，1日の乗客数は1,200人です．ある日，市は市営バスの運賃を220円に値上げしたところ，乗客数は1,100人に減ってしまいました．このとき市営バスの需要の価格弾力性はいくつになるでしょうか．最初に価格の変化率について確認しましょう．価格（運賃）は200円から220円になったので，値上がり額（変化量）は220－200で20円です．したがって，もとの価格は200円であったので，価格の変化率は20/200，すなわち1/10となります．つぎに需要量の変化率について考えてみましょう．運賃値上げ前は乗客数が1,200人でしたが，値上げ後は1,100人に減少したので，乗客の減少数（変化量）は，1100－1200で－100であることがわかります．価格の変化率のときと同様にもとの利用者数は1,200人であったので，乗客数の変化率は－100/1200，すなわち－1/12となります．価格の変化率と乗客数（需要量）の変化率を (5.1) 式に代入すると，需要の価格弾力性は以下のように求めることができます．

$$\varepsilon_d = -\frac{-\frac{1}{12}}{\frac{1}{10}} = \frac{5}{6}$$

(5.1) 式から求められた需要の価格弾力性ですが，この数値を見てどのような判断ができるかを考えてみましょう．需要の価格弾力性を含め，「弾力性」と呼ばれる数値を見るときには1より大きいか，小さいかを見ることが重要です．具体例で求めた需要の価格弾力性は5/6でした．ε_d が1より小さいということは，価格の変化率よりも需要量の変化率のほうが小さいことを意味します．ざっくりした言い方をするならば，価格の変化ほどは需要量は変化しないということです．このように価格の変化率よりも需要量の変化率が小さいとき，この財は，「**需要は価格に対して非弾力的である**」と言います．では，需要が価格に対して非弾力的である財にはどのようなものがあるでしょうか．一般的には，需要が価格に対して非弾力的である財は**必需品**であると言われます．たとえば，医療サービスなどは価格に対して非弾力的な財・サービスの代表選手と言えるでしょう．あなたがすぐに処置をしなければならない大病や大怪我を負ってしまったとき，治療代が上がったからといって医療サービスの需要を減らすことはしないでしょう．なぜならば，価格が上がったことを理由に処置を控えてしまえば，重大な事態（死亡してしまう）になってしまうかもしれないからです．

反対に ε_d が1より大きいということは，価格の変化率よりも需要の変化率が大きいことを意味します．つまり，価格の変化に対して需要が大きく変化することを意味します．価格の変化率よりも需要の変化率が大きいとき，「**需要は価格に対して弾力的である**」と言います．では需要が価格弾力的である財・サービスにはどのようなものがあるでしょうか．一般的には，需要の価格弾力性が大きい財，すなわち需要が価格に対して弾力的である財は**奢侈品**（しゃしひん）であると言われます．たとえば海外旅行などは価格弾力的な財・サービスと考えることができるでしょう．海外旅行はその時期に移動する必要性は海外出張のそれと比べると低いと考えられます．決まった時期に旅行に行く必要がなければ，消費者は価格に対して敏感に反応し，少しでも価格が割高であれば，旅行を控えるでしょうし，反対に価格が少しでも割安になれば旅行の需要は増えるでしょう．ゆえに，異なる2つの財・サービスの価格が同じ額だけ変化したとしても，需要の価格弾力性が異なれば，価格の変化に対する需要量の変化は異なるのです．

最後に，需要曲線の形状と需要の価格弾力性との間にはどのような関係があるかについても確認しておきましょう．需要の価格弾力性が小さい（非弾力的な）財と需要の価格弾力性が大きい（弾力的な）財をそれぞれ財A，財Bと呼ぶことにしましょう．需要の価格弾力性が小さい財Aの需要曲線は横軸に対して相対的に垂直に近い傾きを持つ曲線として描かれます．反対に需要の価格弾力性が大きい財Bの需要曲線は横軸に対して相対的に水平に近い傾きを持つ曲線として描かれます．ではこのことをグラフを用いて確認してみましょう．

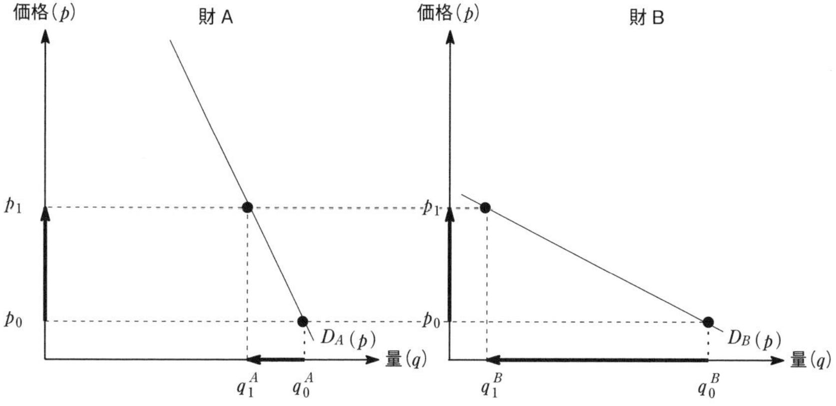

図5.1　需要の価格弾力性と需要曲線の形状

いま異なる需要の価格弾力性を持つ2つの財Aと財Bの需要曲線が図5.1に描かれています．比較しやすいように変化前の数量と価格が同じである点から考えていくことにしましょう．つまり，価格p_0のもとで，それぞれの需要量q_0^Aとq_0^Bが等しいと仮定します．いま財Aと財Bともに価格がp_0からp_1

に上昇したとしましょう．このとき，財 A は需要量が q_0^A から q_1^A に減少しています．一方，財 B は需要量が q_0^B から q_1^B に減少しています．ここで価格の変化による財 A および財 B の需要の変化率はそれぞれ，$\frac{q_1^A - q_0^A}{q_0^A}$ と $\frac{q_1^B - q_0^B}{q_0^B}$ で表すことができます．q_0^A と q_0^B は等しいと仮定していたので，需要の変化率の分母は等しくなりますが，分子については財 A よりも財 B のほうが変化量が大きいことがわかります．一方，価格の変化率については，財 A も財 B も同じですから，需要の価格弾力性の（5.1）式から，財 A の需要の価格弾力性よりも財 B の需要の価格弾力性のほうが大きいことがわかります．したがって，財 B のほうが価格の変化に対して需要量が大きく反応しているため，財 B は価格弾力的な財であると言えるでしょう．このとき，財 B の需要曲線は財 A の需要曲線よりも傾きが緩やか，相対的に水平に近い形状をしていることがわかります．反対に，価格の変化に対してあまり需要量が変化しない財 A は，価格非弾力的な財であり，財 A の需要曲線の傾きは財 B のそれよりも急な，すなわち相対的に垂直に近い形状をしていることがわかります．以上の説明を表 5.1 にまとめておきます．

表 5.1 需要の価格弾力性

	価格非弾力的な財	価格弾力的な財
弾力性の値	1 より小	1 より大
需要曲線の傾き	急	緩やか
財のタイプ	必需品	奢侈品

5.2 供給・需要曲線のシフトと市場均衡

5.2.1 供給曲線のシフトと市場均衡

第 4 章では，財・サービスの価格がどのように決定するかについて説明しました．完全競争市場では，消費者も生産者も価格は与えられたものとして購入量や生産量を決定しました．このような経済主体のことをプライステイカー（価格受容者）と言います．完全競争市場のもとでは均衡価格は市場メカニズムによって決定されました．ある価格のもとで需要量が供給量を上回る超過需要が発生しているとき，市場メカニズムによって価格は上がりました．これは消費者が欲しいと思っている量が市場で出回っている量よりも多く，市場では品薄の状況にあるため，消費者は他人よりも少しでも高く支払ってもこの財を購入しようとするからです．その結果，この財の価格は上がります．

反対にある価格のもとで供給量が需要量を上回る超過供給が発生しているときには，やはり市場メカニズムによって価格は下がります．このように超過需要や超過供給が発生しているとき，市場メカニズムによって価格が調整され，最終的には需要量と供給量が等しくなる水準に到達し，この状態を市場均衡と言いました．

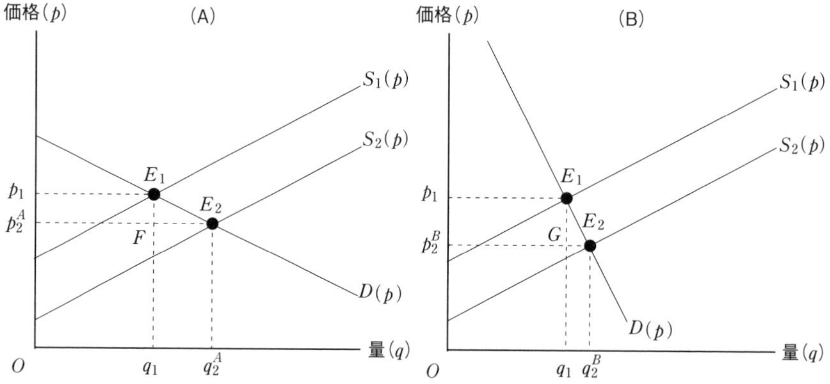

図 5.2　供給曲線のシフトと売上の変化

では，需要曲線あるいは供給曲線がシフトしたとき市場均衡はどのように変化するでしょうか．図 5.2 は需要の価格弾力性が相対的に大きい需要曲線(A)と相対的小さい需要曲線(B)のもとで供給曲線がシフトしたときの均衡の変化を描いたものです．比較しやすいようにグラフ(A)とグラフ(B)のシフト前の需要曲線 $D(p)$ と供給曲線 $S_1(p)$ の交点 E_1 における価格と数量はともに同じ p_1 と q_1 としましょう．したがって，点 E_1 で売上高は $Op_1E_1q_1$ で表すことができ，その大きさはグラフ(A)とグラフ(B)ともに等しくなります．ここで，豊作や豊漁等の理由で供給曲線が $S_1(p)$ から $S_2(p)$ にシフトしたとしましょう．供給曲線のシフトの結果，市場均衡は点 E_1 から点 E_2 に移ります．このとき市場 i (=A, B) では価格も p_1 から p_2^i に下がり，数量も q_1 から q_2^i に増えます．

変化前の市場均衡点 E_1 のもとでは等しかった売上はどのように変化したでしょうか．供給曲線がシフトした後の市場均衡のもとでの売上高は，それぞれ $Op_2^iE_2q_2^i$ で表されます．ここでグラフ(A)について供給曲線のシフトの前後における売上高の変化を確認してみましょう．供給曲線のシフトによって均衡価格は p_1 から p_2^A に下がったため，単価が下がったことにより $p_1E_1Fp_2^A$ だけ売上高が減ります．しかしながら，均衡価格が下がったことにより均衡取引量は増えますので，売上高は $q_1FE_2q_2^A$ だけ増えます．グラフ(A)では減った売上高 $p_1E_1Fp_2^A$ よりも増えた売上高 $q_1FE_2q_2^A$ のほうが大きいため，供給曲線が $S_1(p)$ から $S_2(p)$ にシフトしたことで売上高は増えることがわかります．

つぎにグラフ(B)についても同様に供給曲線のシフトの前後における売上高の変化を確認してみましょう．グラフ(A)と同様に，均衡価格が p_1 から p_2^B に下がり，単価が下がったことにより $p_1E_1Gp_2^B$ だけ売上高が減少します．一方で，均衡価格が下がったことによって数量が増えますので，売上高も $q_1GE_2q_2^B$ だけ増えます．グラフ(B)では，減少した売上高 $p_1E_1Gp_2^B$ が増加した売上高 $q_1GE_2q_2^B$ よりも大きいため，グラフ(A)のケースとは反対に供給曲線が $S_1(p)$ から $S_2(p)$ にシフトしたことで売上高は減ってしまいます．もう読者の皆さんは気づいているでしょうが，この違いをもたらしているものは前節で学んだ需要曲線の傾きの差，すなわち，需要の価格弾力性の大きさの差なのです．

5.2.2　需要曲線のシフトと市場均衡

前節では，供給曲線のシフトが市場均衡に与える影響について述べてきました．つぎに需要曲線がシフトしたとき，市場均衡はどのように変化するでしょうか．ここで再度確認しておきますが，需要曲線は価格と需要量の関係を表す曲線であるということです．もちろん，第3章で学んだように需要は価格以外の要因，たとえば財・サービスを購入するための元手となる所得の増減，他の財の価格，あるいは流行・ブームの影響を受けます．

図5.3にはある財の市場の需要曲線 $D(p)$ と供給曲線 $S(p)$ が描かれています．ここで好況やなんらかの理由で所得が増えたとしましょう．このときこの財が

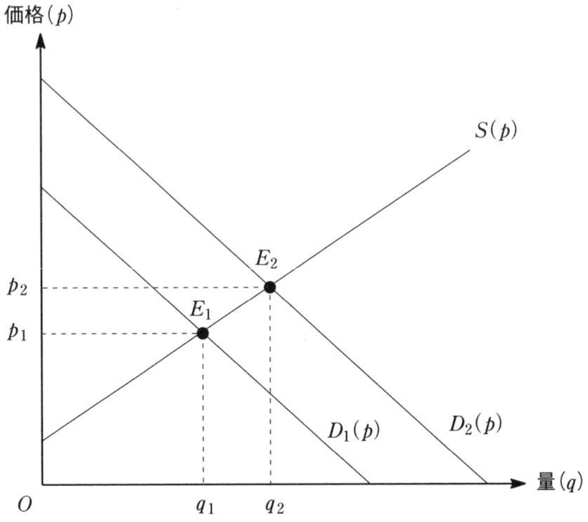

図 5.3　需要曲線のシフトの影響

上級財であるならば需要曲線 $D_1(p)$ は右側にシフトし，新しい需要曲線は $D_2(p)$ となります．所得が増える前の市場均衡は点 E_1 で表されていましたが，所得の増加にともなう需要曲線のシフトによって市場均衡は点 E_2 となります[1]．市場均衡が点 E_1 から点 E_2 に移ったことで，均衡価格は p_1 から p_2 に上がり，均衡取引量は q_1 から q_2 に増えます．ここで価格が上がったにもかかわらず，需要量が増えていることに違和感を感じる人がいるかもしれません．しかし，図 5.3 を見てわかるようにシフト前の需要曲線 $D_1(p)$ もシフト後の需要曲線 $D_2(p)$ も価格が上がると需要量は減っています．つまり，需要法則は保持されています．第3章で学んだ価格と需要量との関係と本章で学んだ需要曲線のシフトによる市場均衡の変化とは明確に区別されなければなりません．

図 5.4 は，供給の価格弾力性が小さいときの需要曲線のシフトによる変化を表しています．需要曲線のシフトによって市場均衡は点 E_1 から点 E_2 に移ります．市場均衡が点 E_1 から点 E_2 に移ったことで均衡価格（単価）および数量は増えますので企業の売上額は増えます．この図では供給の価格弾力性が非

1）上級財とは，所得が増加したときに消費量が増加するような財と呼びます．これに対して，所得が増加すると消費量が減少するような財を下級財と呼びます．

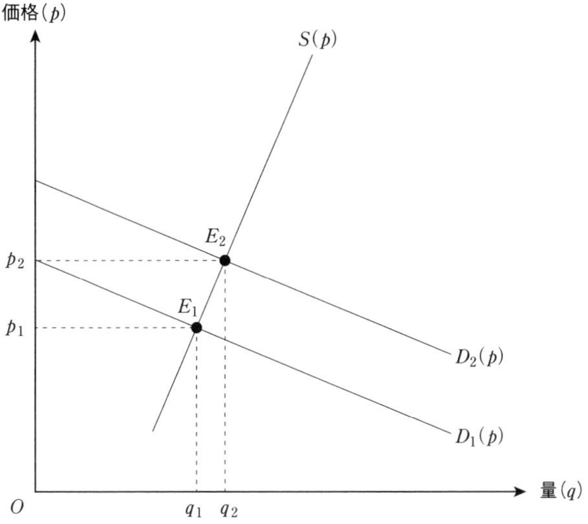

図 5.4　価格非弾力的な供給曲線のもとでの需要曲線のシフトの影響

弾力的であるので価格の変化に対してあまり数量が反応していません．したがって，売上の増加は価格（単価）が上がったことによる影響が大きいことになります．

つぎに供給の価格弾力性が大きい場合を考えてみましょう．供給の価格弾力性が大きいとき，供給曲線は価格の変化に対して供給は大きく変化しますので相対的に水平に近い形状をとります．図 5.5 は，供給の価格弾力性が大きいもとでの需要曲線のシフトによる変化を表しています．図 5.5 も図 5.4 と同様，市場均衡が点 E_1 から点 E_2 に移ったことで売上は増えます．しかし，図 5.4 の場合と異なり，価格（単価）の変化による効果よりも需要が増えることによる効果が大きいことがわかります．これは供給の価格弾力性が大きいため，価格の変化に対して供給量が大きく変化するからです．

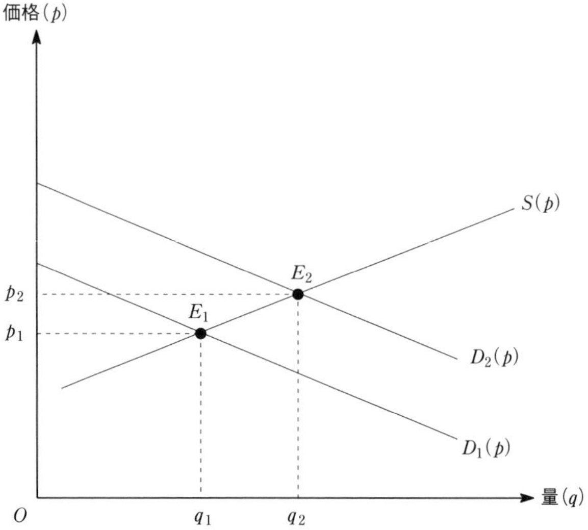

図 5.5　価格弾力的な供給曲線のもとでの需要曲線のシフトの影響

コラム 5：価格差別

皆さんの中には映画を観ることを趣味にしている人もいるかと思います．映画館に行ってチケットを購入するとき，「一般」，「大学・高校生」，「中学・小学生」のような料金区分を目にすることがあると思います．通常は，中学・小学生，大学・高校生，一般の順に料金は高くなっています．実はこの映画の料金の設定にも需要の価格弾力性が応用されているのです．

（すべての学生とは言えませんが）多くの学生はフルタイムの社会人のように勤労していませんから，一般的には社会人よりも所得は多くはないでしょう．こうした大学生や小中高生は，働いて一定の賃金所得を得ている社会人と比較して映画の料金に対して敏感です．一方，フルタイムで働いている社会人は働いて一定の賃金所得を得てはいますが，平日は会社等で勤務しなければならないので映画を観るのは週末しかなく，料金に敏感にならずに映画を観るでしょう．つまり，大学生・小中高生の需要の価格弾力性は大きく，社会人の需要の価格弾力性は小さいと考えることができます.

したがって，料金に敏感な大学生や小中高生に対して割引価格を設定すると需要は大きく増大します．反対に社会人に対して割高な一般料金を設定しても需要はあまり減少しません．このように消費者の需要の価格弾力性に応じて価格の設定を行うことを価格差別と言います．ただし，このような価格差別を行うためには学生証の提示を求めるなどして，一般と学生の区別が可能でなければなりません．したがって，学生証を所持しない場合，映画館は消費者の特性を判別することができませんから大学生であっても一般料金を支払わなければならないのはそのためです．

練習問題

1. 供給あるいは需要の価格弾力性の他にどのよう弾力性があるか考えてみましょう．
2. 土地や農作物の供給曲線は短期的には価格に対して弾力性がゼロになります．このようなときの供給曲線を図示してみましょう．

文献ガイド

1. 小川光・家森信善（2016），『ミクロ経済学の基礎（【ベーシック＋】）』中央経済社．

第6章

政策評価：余剰分析

この章で考えること

- 経済学における「良い」と「悪い」はどのような観点から判断されるのでしょうか
- 政府が実施するさまざまな規制は市場にどのような影響をもたらすでしょうか
- 市場メカニズムはつねに機能するのでしょうか

6.1　経済学における「良い」と「悪い」

日常，私たちはさまざまな状況のもとでことあるごとに「良い・悪い」を判断しなければなりません．高知県に四万十川という川が流れていますが，この川は日本有数のきれいな（良い）川として認識されています．一方，工場の排水や生活排水が流れ込んでいる川は汚い（悪い）川と判断されます．この場合，なにをもって「良い・悪い」を判断しているのでしょうか．川の水質にもさまざまな基準がありますが，「透明度」はきれいな川であるか，そうでない川であるかを判断する代表的な指標の1つです．「透明度」のように明確な指標ではありませんが，タバコの吸殻をポイ捨てする行為を多くの人が「悪い」と判断するでしょうし，吸殻を灰皿に捨てる行為は「良い」とみなされるでしょう．

私たちがこの行為を「良い」あるいは「悪い」と判断するのは「規範」と呼ばれる指標にしたがって判断しているからです．

経済学が社会科学の一分野である以上，経済学で得られた知見は，私たちが生きている社会をより良くするための処方箋として役立たなければなりません．そのためには私たちの目の前にある状況を経済学的な視点から「良い・悪い」と判断する指標が必要になります．もちろん経済学にも「良い・悪い」を判断する指標がいくつか存在します．ミクロ経済学では，経済学的に「良い・悪い」を判断する指標として「資源配分の効率性」が用いられます．私たちが生きている世界では，一般的に財・サービスがすべての人が満足するように行き渡ることは稀です．海水のように世界中のすべての人が満足する量が行き渡る財（このような財・サービスを**自由財**と呼びます）については資源配分の効率性を考える必要はありませんが，すべての人が満足するだけの量がないからこそ世の中の大多数の財・サービスは，できるだけ効率的に配分され，可能な限り無駄がないようにしなければなりません．それでは，資源配分の効率性を比較するためになにを比較すればよいのでしょうか．経済学において資源配分の効率性を比較するときにはいくつかの余剰を比較して，その大きさが大きいほど，資源配分が効率的であると判断するのです．

6.2 消費者余剰と生産者余剰

6.2.1 消費者余剰

第3章で学んだように1単位あたりの**支払意思額**は数量の増えるとともに減っていきました．同じ財・サービスには同じ価格がつくという**一物一価**が成立しているもとでは消費単位数に関係なく財・サービスの1単位あたりの価格はpであったことを思い出すと1単位あたりの支払意思額と価格pの差額がその1単位あたりの消費による純便益となります．消費者の支払意思額の総和から実際に支払った金額を引いたものを**消費者余剰**と呼びます．消費者は消費者余剰が最大になるように消費量を選択しますので，消費量は図6.1で描かれているように支払意思額（限界効用）と価格が等しくなる点Bで決定され，この

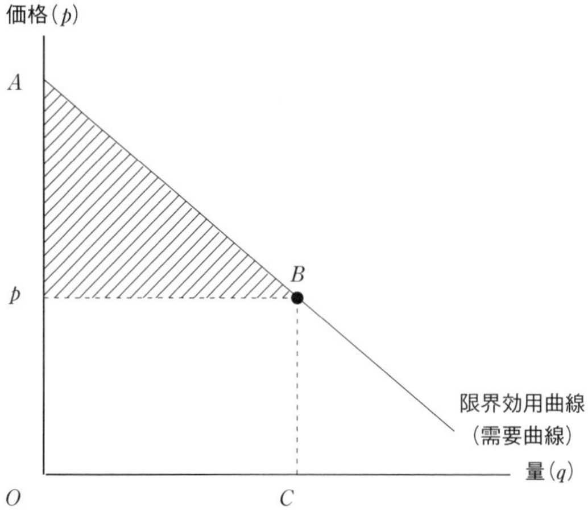

図 6.1　消費者余剰

ときの消費者余剰は，$\triangle ABp$ で表されます．

6.2.2　生産者余剰

つぎに生産者（企業）の余剰について考えてみましょう．ここでは生産量と関係なしに必要な費用（このような費用のことを**固定費用**と呼びます）はないものとしましょう．第 4 章で学んだように，生産量を追加的に増やすとき，追加的に必要な費用のことを限界費用と言いました．通常，生産量が増加するにつれて生産の効率性は低下するので，生産量が増加するにつれて限界費用は増加します．いま完全競争市場で，一物一価を考えていますから生産量を追加的に増加したとき，企業の追加的な収入は p となります．つまり，価格×生産量が企業の収入になります．また各生産単位のもとでの限界費用を合計したものが費用を表しますので，企業の利潤は図 6.2 の斜線部分となります．この斜線の部分を**生産者余剰**と言います[1]．

図 6.2 において，企業は価格(p)と限界費用が等しくなる点 B に生産量を選

1)　ここでは，固定費用を考えていませんので，利潤と生産者余剰は一致しますが，固定費用を考慮するときはこれは成立しません．

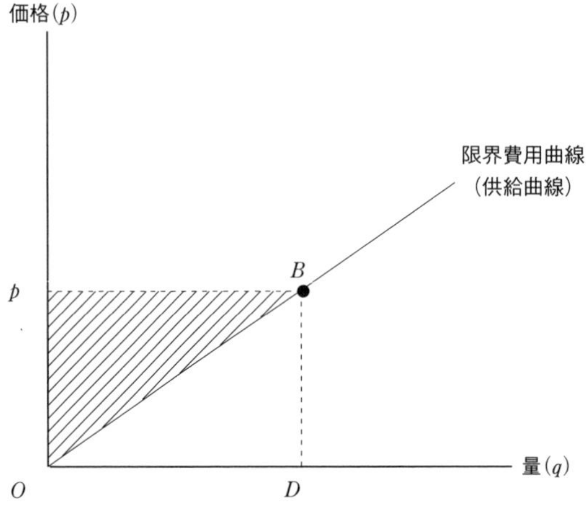

図 6.2　生産者余剰

択するとき，生産者余剰は最も大きくなります．したがって，企業は価格と限界費用が等しくなるように生産量を決定するので，このときの生産者余剰は△OpB で表されます．ちなみに生産量が D のときの費用は△OBD で表されます．

6.2.3　社会的余剰

前項で，完全競争市場のもとでは消費者（生産者）は価格 p を与えられたものとして消費者余剰（生産者余剰）を最大にするように消費量（生産量）を決定しました．消費者（生産者）がプライステイカーとして行動するとき，価格 p は，市場メカニズムによって需要と供給の乖離を解消するように調整されますので，市場均衡価格のもとでは，需要と供給は等しくなります．この市場均衡価格を p^* で表すとき，消費者は p^* と限界便益が一致する水準で消費量を決定しますし，生産者も p^* と限界費用が一致するように生産量を決定します．

いま私たちが考えている世界は，消費者と生産者しか存在しませんので，消費者余剰と生産者余剰の合計を**社会的余剰**と考えることにしましょう．市場均衡のもとでの社会的余剰は図 6.3 の斜線部で表されます．

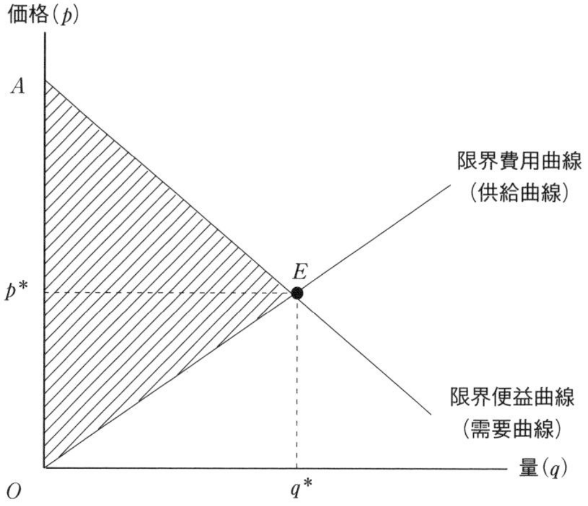

図6.3　社会的余剰

結論から先に言いますと，完全競争市場のもとで市場メカニズムによって達成される市場均衡では社会的余剰が最も大きくなります．ゆえに，アダム・スミスに代表される古典派の経済学者たちは政府が市場に介入して資源配分を歪めることを善しとしませんでした．アダム・スミスたちが生きた時代は，経済は完全競争市場に近かったと言われているので，なおさら政府の市場への介入に懐疑的あったのかもしれません．

6.3　資源配分の歪み

6.3.1　政府が数量規制をするとき

前節では，政府が市場に介入していない状況のもとでの社会的余剰を考えました．市場均衡が達成されている状況下では社会的余剰は最大になりました．では，政府が市場になんらかの政策介入を行った場合，資源配分の効率性の指標である社会的余剰はどのようになるでしょうか．

いま政府はなんらかの理由で均衡取引量 q^* よりも少ない量 $\hat{q}$ を設定し，こ

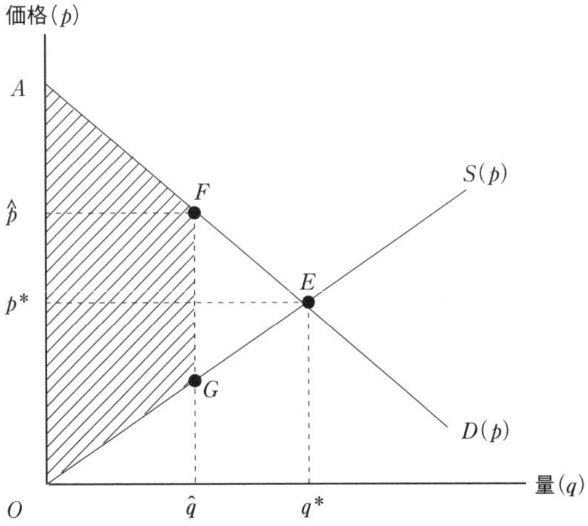

図 6.4　数量規制のもとでの社会的余剰の損失

れ以上の量を販売することを規制する数量規制を導入したとしましょう．

供給量が $\hat{q}$ のとき，消費者の支払意思額は $\hat{p}$ になります．ゆえに生産者は $\hat{q}$ を消費者の支払意思額に等しい価格 $\hat{p}$ を設定して販売するため消費者余剰は $\triangle\hat{p}AF$ で与えられます．これに対して，生産者は $\hat{p}$ のもとで $\hat{q}$ だけを生産します．$\hat{q}$ を生産するときの費用は $\triangle OG\hat{q}$ で表されるので，生産者余剰は $\square O\hat{p}FG$ で与えられます．したがって，政府が価格規制を課したとき，消費者余剰 $\triangle\hat{p}AF$ と生産者余剰 $\square O\hat{p}FG$ の合計である社会的余剰は $\square OAFG$ となります．すでに述べたように社会的に「良い・悪い」の判断する指標として資源配分の効率性を用いるとき，社会的余剰の大きさを比較して，社会的余剰が大きい状況を「良い」と考えました．では，市場均衡と政府が価格規制を課したときの状況ではどちらが社会的余剰が大きいでしょうか．図 6.3 と図 6.4 を比較すると，市場均衡のもとでの社会的余剰は $\triangle OAE$ で表されていたことを思い出すと，市場均衡のもとでの社会的余剰の大きさは，政府による数量規制下の社会的余剰のそれと比較して図 6.4 の $\triangle EFG$ 分だけ大きいことがわかります．したがって，資源配分の観点から政府による数量規制は完全競争市場のもとでよりも「悪い」ということになります。

6.3.2 政府が課税するとき

つぎに政府が課税するケースについて考えてみましょう．資本主義経済では，財産の私有制が認められています．したがって，政府は原則無産の経済主体です．しかしながら，政府はそのコミュニティに属している経済主体のために活動する財源が必要となるので，これを住民や企業への課税によってまかなう必要があります．では，私たちが所属するコミュニティを統括する政府が活動するための財源を確保するために行う課税は資源配分にどのような影響を与えるのでしょうか．

いま政府が生産者に対して財・サービスの供給量 1 単位あたり t 円を課税したケースについて考えてみましょう．このとき生産者の課税後の供給曲線は $S_1(p)$ から $S_2(p)$ に移ります．したがって，市場均衡は E から F に変わり，課税後の均衡価格は $\hat{p}$ で均衡取引量は $\hat{q}$ となります．消費者は価格 $\hat{p}$ で数量 $\hat{q}$ を消費するので，消費者余剰は $\triangle\hat{p}AF$ となります．一方，生産者は価格 $\hat{p}$ で数量 $\hat{q}$ を販売するので，生産者の収入は $\square O\hat{p}F\hat{q}$ となります．ここで生産者余剰はこの収入から $\hat{q}$ を生産するときの費用 $\triangle OG\hat{q}$ と納税額 $\square\hat{p}FGH$ を差し引いた $\triangle OHG$ となります．では政府が課税したときの社会的余剰はどのように表すことができるでしょうか．前項まで，課税がないもとでの社会的余剰は消費者余剰と生産者余剰の和で表されていました．しかし，ここで気をつけなければならないのは政府が課税したときの社会的余剰を考えるときには，消費者余剰と生産者余剰だけではなく政府の余剰である**税収**も考慮しなければなりません．したがって，政府が課税したケースの社会的余剰は，消費者余剰，生産者余剰，税収の総和，すなわち，$\square OAFG$ となります．この課税後の社会的余剰 $\square OAFG$ と課税前の社会的余剰 $\triangle OAE$ を比較してみましょう．図 6.5 より，課税後の社会的余剰は課税前の社会的余剰よりも $\triangle EFG$ だけ小さくなっていることがわかります．資源配分の効率性の観点から「良い・悪い」を判断する場合，社会的余剰が大きいほうが経済学的に「良い」と判断していたことを思い出すと，政府が課税することで資源配分を歪めてしまうため，完全競争市場のもとでよりも「悪い」ということになります．このことも政府が市場に介入することが望ましくないと主張されてきた理由です．しかしながら，今日の社会において政府が活動するための財源をまかなう課税は必要不可欠なものであ

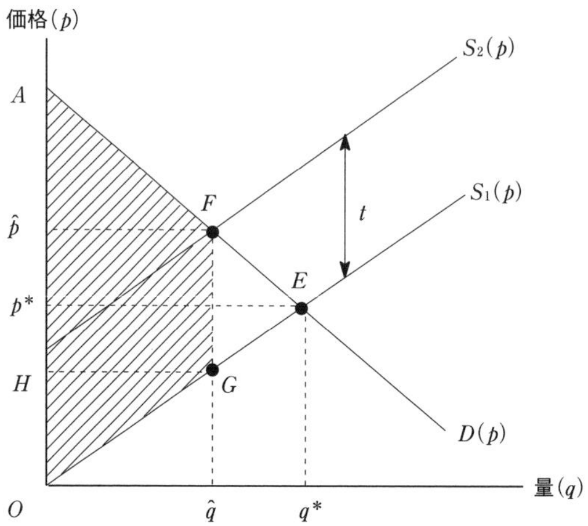

図6.5　政府が課税したときの社会的余剰

り，資源配分の効率性の観点から見ると必要悪であるとも言えます．課税は資源配分を損ねてしまうからこそ政府が課税を行う，あるいは増減税をするときにはこうした社会的余剰への影響を十分に考慮したうえでなされなければならないのです．

6.3.3　労働市場と最低賃金制度

つぎに労働市場における政府の規制の影響を考えてみましょう．まず注意しなければならないのは，生産要素市場である労働市場において労働を供給するのは労働者で，労働を需要するのは労働者を雇用する企業です．労働市場で消費財市場の価格に対応するものは賃金です．企業は賃金が低くなればなるほど，より多くの労働力を雇用するので，労働需要曲線$L_d(w)$は右下がりの曲線となります．一方，賃金が高くなればなるほど，働きたいと考える労働者は増えますので，労働供給曲線$L_s(w)$は右上がりの曲線となります．図6.6は労働需要曲線$L_d(w)$と労働供給曲線$L_s(w)$を描いたものです．

需要量と供給量に乖離があるとき，完全競争市場では財・サービスの需要と供給が等しくなるように価格が調整されます．労働市場では，労働需要量と労

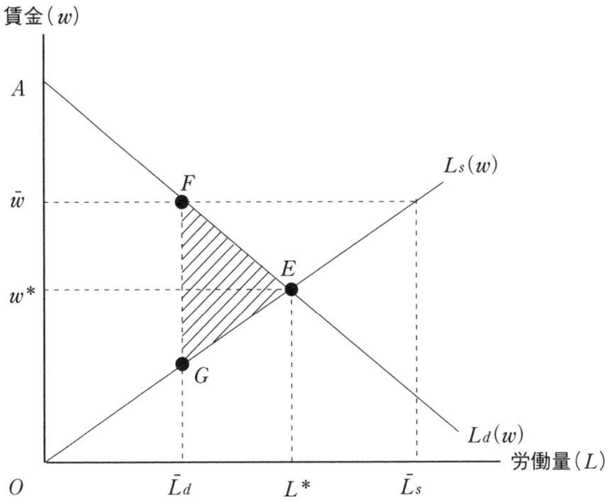

図6.6　労働需要曲線と労働供給曲線

働供給量の間に乖離があるとき，財・サービス市場における価格の役割を賃金が果たすので，図6.6では調整の結果，賃金 w^* で，労働需要量と労働供給量が一致します．労働供給量が労働需要量よりも相対的に多い場合は，働きたいと思っている人の数（労働供給量）が企業が雇用したいと思っている労働量（労働需要量）を上回っており，人余りが生じています．ゆえに賃金は下落することで労働の超過供給が調整されます．反対に，労働需要量が労働供給量よりも相対的に多い場合は，企業が雇用したいと思っている労働量が働きたいと思っている人の数を上回っているわけですから人不足の状況が発生していることになりますので，賃金が上昇することでこれらの乖離が調整されます．このように賃金の上昇あるいは下落によって超過労働供給（需要）は両者が等しくなる賃金水準 w^* に到達するまで調整されます．いうまでもなく，w^* のもとではすべての労働者が雇用されていますので失業は存在しません．

しかし，実際の労働市場では，賃金の調整によって完全雇用が達成されないことはしばしばあります．わが国では多くの地域において最低賃金制度がとられており労働の超過供給が賃金の調整によって完全には解消されません．いま最低賃金が $\bar{w}$ に設定されているとしましょう．$\bar{w}$ のもとでは企業が労働者を雇用する労働者の数（労働需要量）は，図6.6の$\bar{L}_d$となります．一方，$\bar{w}$のもとで働きたいと思っている労働者の数（労働供給量）は$\bar{L}_s$となるので，$\bar{w}$のもとでは労働需要量と労働供給量は一致しません．賃金は$\bar{w}$より低くには調整されませんから，$\bar{L}_s > \bar{L}_d$となっている状況下では，$\bar{L}_s - \bar{L}_d$に相当する失業が発生しています．

では，この最低賃金$\bar{w}$が資源配分を歪めていることを確認しましょう．既述したように市場メカニズムによって決定される賃金はw^*で決まりました．このとき，労働市場における社会的余剰は△OAEになります．これに対して最低賃金$\bar{w}$が設定されているもとでの社会的余剰は□$OAFG$となります．したがって最低賃金$\bar{w}$のもとでの社会的余剰はw^*のもとでの社会的余剰よりも斜線部で示した△EFGだけ余剰が小さくなっていることがわかります．労働者の雇用条件を保障するための最低賃金制度も資源配分の効率性の観点から見ると必ずしも望ましくはないのです．

6.3.4 貿易と関税

これまで外国との貿易を考えないある種の閉鎖された市場を想定してきましたが，つぎに外国との貿易が存在するケースについて考えてみましょう．外国との貿易において無視することができないものに関税があります．幕末，黒船の来航以降，江戸幕府は外国といわゆる不平等条約を締結し，輸入品に対して関税を決める権利（関税自主権）を放棄しました．江戸幕府が倒れ，明治政府が統治するようになった後もしばらくは輸入品に対する関税を自国で決定することができない期間が続き，日本が輸入品に対して関税を決めることができるようになったのは，日清・日露戦争後の1911年まで待たなければなりませんでした．

このように紆余曲折を経て，回復した関税自主権ですが，今日の趨勢ではむしろ輸入品に対する関税を撤廃する方向にあります．幕末に締結された条約は不平等な（片務的な）ものであったため，一概に比較することはできませんが，2018年12月に発効した「環太平洋パートナーシップに関する包括的及び先進的な協定（TPP）」のような新たな貿易協定も締結されました．

これまでは，暗黙的に財の需要や供給は同一の国内でなされていることを仮

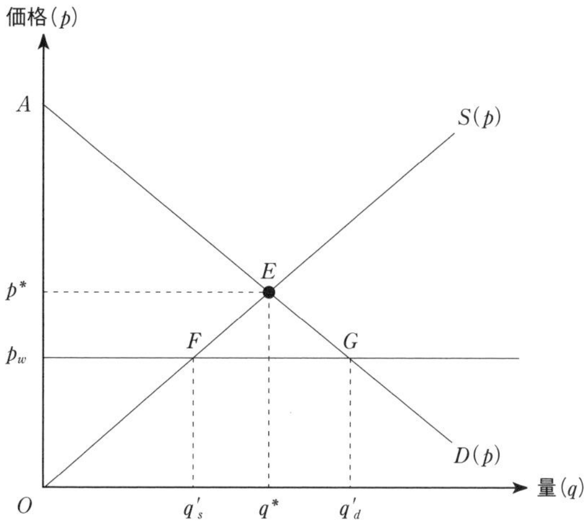

図 6.7　市場均衡と自由貿易

定してきました．そこでここからは，国内で供給されている財が外国でも生産され，輸入品として市場に入ってくるケースについて考えてみましょう．図 6.7 の点 E は貿易が解放される前の状況を表しています．市場均衡は需要と供給が一意する点で決定されるので，市場均衡価格は p^*，均衡取引量は q^* ということになります．市場均衡のもとでの消費者余剰は$\triangle AEp^*$, 生産者余剰は$\triangle OEp^*$で表され，社会的余剰は$\triangle OAE$ となります．ここで「小国の仮定」という仮定をおいて，自由貿易が可能になった場合について考えてみましょう．対象となる財は，世界中で取引されており，世界の市場で需給関係よって決定される国際価格を考えます．国内の市場規模は非常に小さく，国内の財の価格は国際価格に影響を与えないと考えます．したがって，国内の価格・数量に依存しない国際価格を p_w で表すとことにしましょう．国際価格 p_w が，国内の財の需給関係で決定する市場均衡価格 p^* よりも低いケースを考えてみましょう．先ほどの国内の財の需要曲線と供給曲線を描いた図に国際価格 p_w を描くと図 6.7 のようになります．自由貿易が開始されると，価格 p_w で外国から財が輸入されることになります．国際価格 p_w のもとで国内の企業は q'_s を供給しますが，需要は q'_d となるので線分 FG が輸入量ということなります．

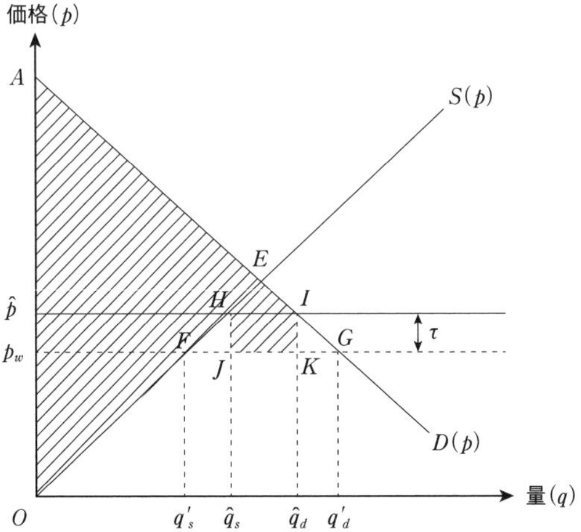

図 6.8　関税を課した後の余剰

自由貿易のもとでの消費者余剰と生産者余剰は，それぞれ図 6.7 の$\triangle AGp_w$，$\triangle OFp_w$で表されるので社会的余剰は$\square AGFO$となります．自由貿易のもとでの社会的余剰は，貿易がない状況よりも$\triangle EFG$だけ社会的余剰が大きくなっていることがわかります．しかし，自由貿易に移行したことで社会的余剰は増加するのですが，生産者余剰は減少しています．そこで自国政府は自国の生産者を保護するため，図 6.8 のように，輸入品に対し，1 単位あたりτだけ関税をかけたとしましょう．輸入品に関税をかけるわけですから，自国の消費者が輸入品を購入の際には国際価格p_wに関税τが上乗せされた価格$\hat{p}(=p_w+\tau)$に直面します．このときの各主体の余剰はどのようになっているでしょうか．まず，消費者余剰ですが，関税が課せられ，価格が$\hat{p}$になったことより，消費者余剰は$\triangle AI\hat{p}$となり，自由貿易のもとでの消費者余剰と比較すると，$\square \hat{p}IGp_w$だけ減少しています．これに対して生産者余剰は$\triangle OH\hat{p}$で自由貿易のもとでの生産者余剰よりも$\square \hat{p}HFp_w$だけ増加しています．それでは社会的余剰はどうでしょうか．注意しなければいけないのは，課税後の社会的余剰には関税を課したことによって得られる税収$\square HIKJ$を含めなければならないということです．したがって，課税後の社会的余剰は，$\triangle AI\hat{p}$，$\triangle OH\hat{p}$，$\square HIKJ$

の総和ということになります．自由貿易のもとでの社会的余剰と関税を課した後の社会的余剰を比較すると，$\triangle FHJ+\triangle GIK$ だけ余剰が減少していることがわかります．ゆえに，自国生産者を保護するための政府の関税政策は，その課税によって生産者の余剰を改善させますが資源配分の効率性を歪めているのです．

コラム6：政府による市場の介入の是非

この章では，政府が市場に介入することによって資源配分の効率性を歪めることを示しました．経済学が学問として勃興した時期，すなわち，古典派と呼ばれる経済学者たちの間では市場は市場メカニズムによる調整に任せておき，政府が市場経済に介入することを善しとしませんでした．

しかし，現在では市場メカニズムが当初考えられていたほど，万能でないことがわかっています．いわゆる市場の失敗と呼ばれるものです．市場の失敗が発生するもとでは，市場メカニズムによって達成される市場均衡は必ずしも資源配分の効率性を達成しないのです．市場の失敗を引き起こす原因はいくつかありますが，その１つに外部性の存在があげられます．外部性とは市場を経由せずに他の経済主体に影響を与えるものです．代表的な外部性に環境汚染があります．かつては工場が排出する廃液やばい煙によって近隣住民が健康を害する事例が複数見られました．今日では温室効果ガスの排出による地球温暖化問題も外部性の一例です．

市場メカニズムによる市場均衡が資源配分の効率性を達成していないのであれば，そこには資源配分を是正するための政府の市場介入が正当化されることになります．排出税は政府の市場介入の一例です．しかし，経済理論上は有効であってもそれを実際に運用できるかどうかはまた別の問題です．また仮にこうした税が運用できた場合でも，その運用には莫大な費用がかかってしまいます．こうした問題を解決するため，交渉による解決方法などさまざまな方法も考えられています．

練習問題

1. この章では経済学的に「良い・悪い」の判断を資源配分の効率性（社会的余剰の大きさ）を比較することで判断しましたが，この資源配分の効率性以外に「良い・悪い」を測る基準にはどのようなものがあるでしょうか．
2. あなたは食堂で食事をしようと考えています．あなたの各メニューに対する支払意思額と料金が以下の表で与えられるものとします．

表 6.1　メニューの支払意思額と料金

	カレー	サラダ	ハンバーグ	とんかつ
支払意思額	480	250	500	350
料金	250	120	300	300

いますべてのメニューを1品ずつ注文したとき，あなたの消費者余剰はいくらになるでしょうか．また予算が1,000円のとき，最も消費者余剰が大きくなるメニューの組み合わせを考えてみましょう（ただし，同じメニューを複数注文することはできないものとします）．

文献ガイド

1. 八田達夫（2008），『ミクロ経済学 I』東洋経済新報社．
2. 倉澤資成（2013），『入門価格理論（第二版）』日本評論社．
3. 中谷武・中村保（2010），『1からの経済学』中央経済社．

第７章

独占市場

この章で考えること

- 価格を支配するとはどのようなことなのでしょうか
- 「独占市場」はなぜ好ましくないと言われるのでしょうか
- なぜ独占市場が発生してしまうのでしょうか

7.1 ペットボトルの水の値段

筆者が小学生あるいは中学生の頃（昭和の時代ですね），休み時間になるとみんな冷水器の前に走って行って，並んで水道水を飲んでいました．しかし，最近の学生はみんなペットボトルの水やお茶を手に持って飲んでいます．筆者が勤務する大学構内でも，ペットボトルの水やお茶は厳密には成分や味は多少異なりますが，どれもおおよそ同一の価格で販売されていますし，大学周辺の店舗でもほぼ同一です．もしある店舗がこうした水やお茶を他店舗よりも著しく高い価格で販売した場合どうなるでしょうか．おそらく皆さんはこの店舗の高額な水やお茶を購入せず，他の店舗でより安価で販売されている水やお茶を購入するでしょう．結果としてこの店舗の水やお茶は売れませんので，店舗側も価格をを引き下げざるをえません．別の店舗が周りの店舗よりも極端に安価で水やお茶を販売すると別の店舗も同じように価格を下げるでしょう．結果として，第4章で学んだように水やお茶の値段は大学周辺の水やお茶の需要と供給が等しくなるように価格が落ち着きます．これは構内や大学周辺の店舗がペットボトルの水やお茶に対して価格支配力を持たないことを意味します．

では，場面を変えてみましょう．皆さんの中にも登山を趣味にしている人がいると思います．登山をする途中で休憩のために入った山小屋で，ペットボトルの水が街で見かける価格の数倍もの価格で売られているのを見たことがあるかと思います．普段，このように数倍の価格がついたペットボトルの水を購入することはありません．なぜならば，近くを探せばもっと安価にペットボトルの水を購入することが可能だからです．．しかし，山小屋ではこの数倍の価格で販売されているペットボトルの水を複数の登山者が購入しています．どうしてこのようなことが起こるのでしょうか．それは，この水を販売している山小屋以外にペットボトルの水を販売している店舗がなく，この山小屋だけがペットボトルの水を販売しているからです．この山小屋以外にペットボトルの水を販売している店舗がないため，山小屋が販売するペットボトルの水がそのままその付近でのペットボトルの水の販売量になります．山小屋の店主は自分の山小屋以外にペットボトルの水を販売する店舗はなく，登山者が自分の山小屋からしか水を買えないことを知っていますので，登山者たちが支払ってもよいと考える最も高い価格をつけるため街で見る価格よりも高い価格を設定しているのです．つまり，山小屋は他にライバルが存在せず，供給量をコントロールすることを通じて，自分の思いどおりの価格を設定することができる**価格支配力**を持つ**独占企業**とみなすことができます．そしてこのような市場のことを経済学では**独占市場**と呼びます．

7.2　独占均衡

前節では，ライバルが存在しない山小屋がペットボトルの水の価格を自分の思いどおりに設定することができる価格支配力を持つことを説明しました．ライバルが存在しない山小屋は自分の販売量を通じてペットボトルの水の価格を設定することができます．では，山小屋はペットボトルの水にいくらの価格を設定するのか，言い換えると何単位ペットボトルの水の供給量を決定するのでしょうか．表 7.1 は登山者のペットボトルの水の消費による便益と限界便益を表しています．

表 7.1　登山者の便益と限界便益（支払意思額）（単位：円）

本数	便益	限界便益（支払意思額）	本数	便益	限界便益（支払意思額）
0	0	0	6	630	80
1	130	130	7	700	70
2	250	120	8	760	60
3	360	110	9	810	50
4	460	100	10	850	40
5	550	90	11	880	30

第 3 章で学んだように，この**限界便益**は登山者（消費者）の需要曲線に相当します[1]．数量が増えるにつれて，追加の 1 本に対する評価（便益）は，小さくなっていきます．

つぎに山小屋（供給者）の行動を考えましょう．周りには他の山小屋はありませんので登山者がペットボトルの水を購入するためには，この山小屋が販売しているものを購入しなければなりません．したがって，山小屋は独占企業であると言えます．前節で説明したように山小屋は販売量を調整することで価格をコントロールすることができます．つまり，山小屋がつけた値段だと登山者は何本購入してくれるかを読み込んで販売量を決定することになります．その意味では，これまで学んできたようなある価格に対してどれだけ販売するかという完全競争市場における供給曲線は存在しません．表 7.2 は山小屋のペットボトルの水の販売（供給）費用を表したものです．

表 7.2 からわかるように，ペットボトルの水の販売量が増加するにつれて追加的にかかる費用（**限界費用**）が増加していることがわかります．山小屋は販売するペットボトルの水の販売本数をもう 1 本追加するか否かを 1 本追加する

1)　ここでは 1 本，2 本と数えられる財（ペットボトルの水）を考えていますので需要曲線と言っても階段状の曲線として描かれます．

表7.2　ペットボトルの水の費用と限界費用（単位：円）

本数	費用	限界費用	本数	費用	限界費用
1	10	10	7	280	70
2	30	20	8	350	80
3	60	30	9	440	90
4	100	40	10	540	100
5	150	50	11	650	110
6	210	60	12	770	120

ことによって得られる収入と費用を見ながら決定するのです．表7.1を見ると1本目に対しては登山者の支払意思額は130円です．山小屋は他にライバルがいないので登山者の支払意思額の限度額である1本130円に価格を設定します．つぎに2本目を追加販売するか否かを考えてみましょう．2本目を販売するとき，2本を売り切るためには2本目の支払意思額に等しい120円に価格を設定するので，2本目を販売することで120円の追加収入が得られます．しかしながら，1本販売時には1本130円で販売していましたから単価130円を120円にしたことによる収入の減少分10円をこの追加収入から差し引かなければなりません．結果として，販売数を1本から2本に増やしたことで得られる（純）追加収入は110円となります．つづいて3本目を追加販売するかどうかを考えてみましょう．3本目の登山者の支払意思額は表7.1より110円でしたから3本を完売するためには，価格を110円に設定しなければなりません．3本目を追加販売することで110円の追加収入が得られますが，2本目を販売するときに設定した単価である120円を110円にしたことによる減収分20円を差し引くと（純）追加収入は90円となります．同様に考えていくと（純）追加収入は販売量を増加するにつれて減少することがわかります．この（純）追加収入を経済学では**限界収入**と言います．

では，最後に山小屋は何本のペットボトルの水を販売するのか（そして，価格設定をどのようにするのか）について考えていくことにします．表7.3は表7.1と表7.2を踏まえた山小屋の販売本数ごとの限界収入，限界費用，追加の利潤，そして利潤を表した表です．

表 7.3　独占供給量の決定（単位：円）

本数	限界収入	限界費用	追加利潤	利潤
1	130	10	120	120
2	110	20	90	210
3	90	30	60	270
4	70	40	30	300
5	50	50	0	300
6	30	60	−30	270
7	10	70	−60	210
8	−10	80	−90	120
9	−30	90	−120	0
10	−50	100	−150	−150

販売本数が 5 本までは，販売量を増やすことで山小屋は利潤を増やすことができます[2)]．しかし，6 本目からは販売数を追加したことによるかかる費用（限界費用）が追加販売することによって得られる収入（限界収入）を上回ってしまいます．表 7.3 からもわかるように 6 本以上販売をすると利潤は増えずむしろ減少してしまうため山小屋は 6 本以上販売しようとはしないでしょう．したがって，山小屋は限界費用と限界収入が等しくなる水準に販売量を決定することになります．表 7.3 から限界費用と限界収入が等しくなるのは 5 本であることがわかります．表 7.1 から登山者はペットボトルの水の 5 本の支払意思額は 90 円であったので山小屋はペットボトルの水の価格を 90 円に設定します．そして利潤 300 円を得ることになります．この販売本数 5 本，価格 90 円が独占市場の均衡となり，これを**独占均衡**と呼びます．

7.3　独占市場はなぜ望ましくないのか

前節では独占市場において独占企業がどのように販売量（供給量）を決定す

2）　5 本目を販売しても利潤は増えていませんが減ってもいませんので，ここでは山小屋は 5 本目を販売するものとします．

るかについて説明しました．ところで独占均衡は一般的には望ましくないとされています．わが国では独占は，**独占禁止法**という法律で規制されており，各企業が非公正な取引や販売をしないように**公正取引委員会**が監視しています．では，なぜ独占禁止法という法律があり，公正取引委員会がそれを監視しているのでしょうか．独占市場の弊害は複数あるのですが，最も大きな弊害の1つに独占市場が資源配分の効率性を損ねるというものがあります．

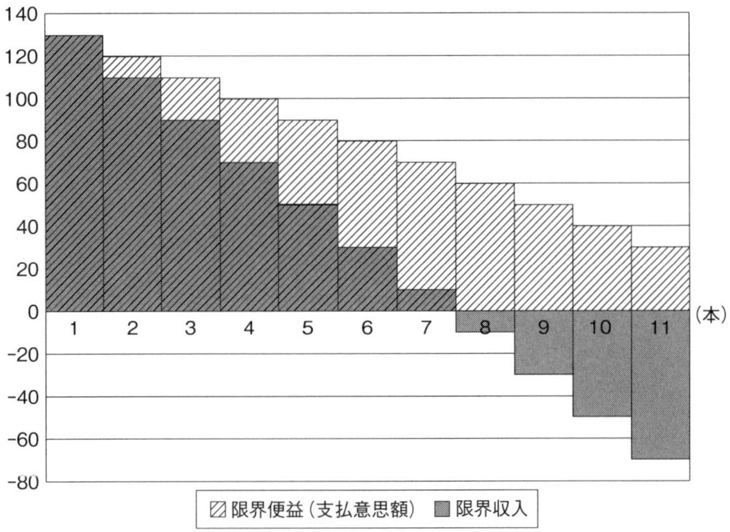

図7.1　限界便益（支払意思額）と限界収入

では準備として，前節の数値例をもとに支払意思額（限界便益）と限界収入の位置関係を確認しておきましょう．図7.1は表7.1の支払意思額と表7.3の限界収入を表しています．図7.1からわかるように，限界収入は限界便益の下側に位置していることがわかります．図7.1に限界費用を重ねたものが図7.2です．

前節で独占企業は限界収入と限界費用が等しくなるように設定することを学びましたが，図7.2では5本のところで限界収入と限界費用が等しくなっていることが確認できます．

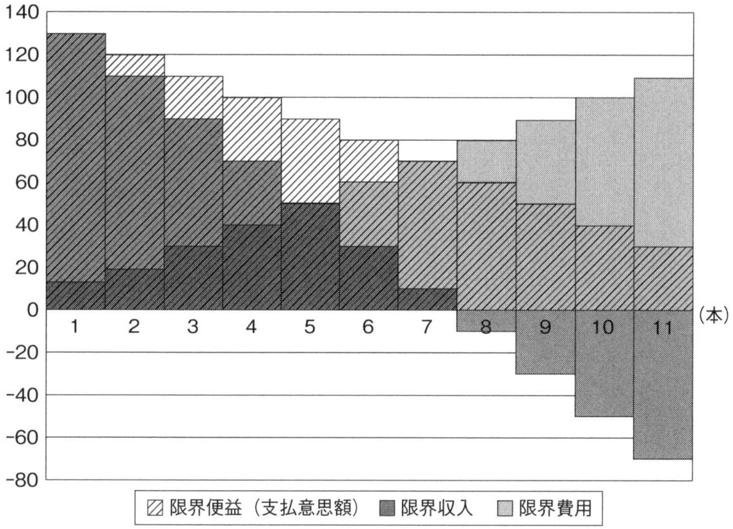

図 7.2 限界便益（支払意思額），限界収入，限界費用

ここで独占均衡と市場均衡を比較してみましょう．第 4 章で学んだように，完全競争市場のもとでは企業は価格と限界費用が等しくなるように販売量を決定するので市場供給曲線は限界費用曲線と一致します．図 7.2 で需要（限界便益）と供給（限界費用）は 7 本のところで一致していることがわかります．したがって，独占市場のもとでの独占供給量は市場均衡のもとでの均衡取引量よりも過小になっていることがわかります．また独占価格と市場均衡価格を比較すると，独占価格は 90 円でしたから，市場均衡価格の 70 円よりも高いことがわかります．

この節の冒頭で，独占市場が望ましくないという理由の 1 つは「資源配分の効率性が損なわれる」いうものでした．また独占均衡のもとでの独占価格と独占供給量は市場均衡のもとでの市場均衡価格や均衡取引量と一致しないことも確認しました．つぎに，独占均衡のもとでは市場均衡のもとでよりも資源配分の効率性が損なわれることを確認しましょう．

これまでの例では 1 本，2 本，3 本と数えられるペットボトルの水を例に考えてきましたが，ここでは第 6 章で説明したように社会的余剰の大きさを比較するため需要曲線（限界便益曲線），限界収入曲線，供給曲線（限界費用曲線）を連続的な数とみなしたグラフを用いることにします[3]．図7.1および図7.2で，限界収入曲線は需要曲線よりも下に位置することを確認しました．また，限界費用曲線も販売量の増加にともなって増加しました．図7.3は連続的な数でそれらを描き直したものです．

図7.3(a)の斜線は市場均衡 E^* のもとでの社会的余剰（消費者余剰と生産者余剰の和）を表しています．これに対して独占均衡 E^m のもとでの社会的余剰は図7.3(b)の斜線で表されています．図7.3(a)と図7.3(b)を比較すると，独占均衡のもとでの社会的余剰は市場均衡のもとでの社会的余剰よりも $\triangle E^*E^mF$ だけ小さいことがわかります．

第6章で経済学において「良い・悪い」を判断する基準として資源配分の効率性が用いられることはすでに述べました．資源配分の効率性を比較するにはそれぞれの状況下での社会的余剰の大きさを比較し，それが大きい状況のほうが資源配分が効率的であり，経済学的に「良い」と判断しました．ここでも資源配分の効率性の観点から市場均衡と独占均衡を比較すると市場均衡のほうが社会的余剰が大きいことがわかります．したがって，独占均衡は市場均衡と比較して「望ましくない（悪い）」と判断します．特に独占市場によって発生した社会的余剰の損失分 $\triangle E^*E^mF$ を経済学では**死荷重**と呼びます．

7.4 その他の独占の弊害

前節では資源配分の効率性の観点から独占均衡が市場均衡よりも望ましくない（悪い）ことを説明しました．しかし独占市場の弊害は資源配分の効率性が阻害されることだけではありません．独占市場のもたらす弊害として**X-非効率**と呼ばれるものがあります．独占企業は競争相手が存在しないことによる独占企業が抱え込んでいる外から見えないさまざまな非効率性のことです．他に

3) これまでの例にように，1本，2本，…と数える変数を離散変数と呼びます．これに対して，連続変数とは細かく区切れる変数のことを言います．小麦や砂糖，それにペットボトルに小分けされていない水も連続変数として考えます．

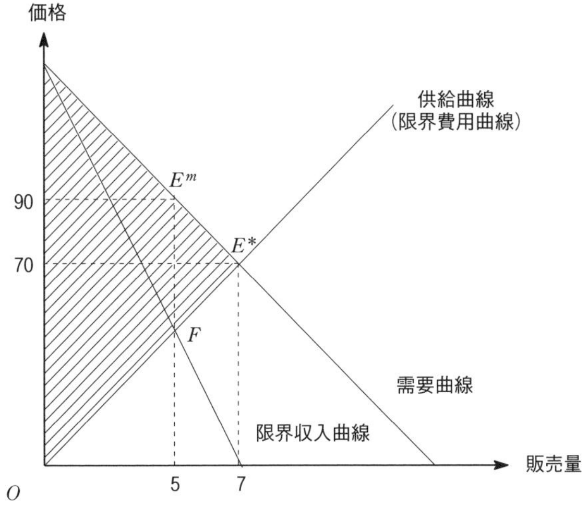

(a) 市場均衡のもとでの社会的余剰

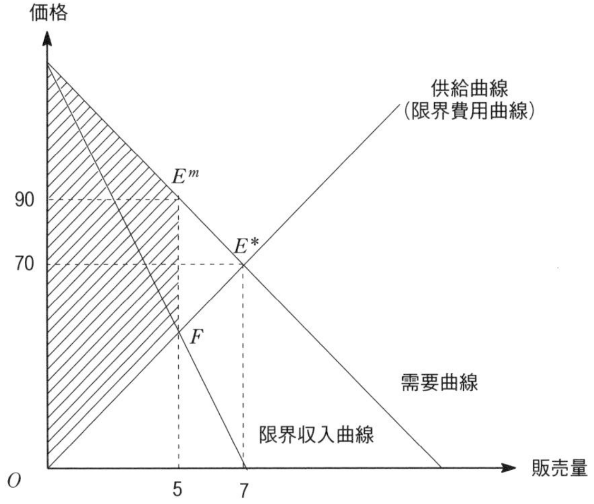

(b) 独占均衡のもとでの社会的余剰

図 7.3　市場均衡および独占均衡のもとでの社会的余剰

競争相手が存在しないがゆえに独占企業が供給にかかる費用の削減インセンティブ（誘因）を持たないのです．また競争相手の不在はその企業の品質の改良やサービスの改善のインセンティブも失わせてしまいます．

いま皆さんが日常的に利用している鉄道輸送サービスの1つであるJRは1987年に民営化によって登場した企業です．民営化される前までは全国的な鉄道網を持つ鉄道輸送サービスを供給する日本国有鉄道（国鉄）という旧三公社五現業の中の1つでした[4)]．国鉄は戦後の復員兵・海外引揚者の雇用の受け皿でもあり大量に人員が雇用され，また国鉄内の労働組合の力も強かったため，人員削減などの費用削減ができず赤字を拡大していきました．国内の移動の主要な手段が鉄道だったこの時代では鉄道で長距離を移動するためには国鉄を利用するしかなく，まさに独占企業でしたので，乗客もサービスの質にかかわらず国鉄を利用せざるをえませんでした．またいまと比較すると職員の対応や車両の改善も相対的には良いものではありませんでした．これも「親方日の丸」と揶揄されたように独占企業であるがゆえのサービス改善のインセンティブの欠如に起因するものです．こうして非効率な経営が積み重なり，莫大な累積赤字を抱えた国鉄は1987年にJR7社に分割民営化されました．近年では近郊区間では私鉄各社と長距離区間では航空機や高速バスとの競争が激しくなり，JR各社も経営のスリム化を図ったり，サービスの改善を図るなど企業努力を行うようになりました．その意味では独占市場はやはり望ましくなく，一定の競争下にさらされることは必要なことなのかもしれません．

コラム7：公正取引委員会の仕事

独占をはじめとする非公正な競争や取引を監視する公的な機関に公正取引委員会があることはすでに述べました．非公正な競争はこの章で説明した独占市場だけではなく，さまざまな種類のものが存在します．現在ではこの章で説明したようなあからさまな独占市場を見ることはあまりありません．むしろ，非公正な競争や取引は別の形で発生している場合が少なくありません．

4) 三公社とは，日本専売公社，日本電信電話公社，日本国有鉄道を指し，五現業とは郵政事業，国有林事業，日本銀行券等の印刷業，造幣事業，アルコール事業を指します．

近年，公正取引委員会が監視を強めているものに「優越的地位の濫用」というものがあります．これは取引企業間の間に強力な上下関係が存在する場合にしばしば生じます．たとえば，大店舗や強力な販売網を持つ小売業が，商品を納入する業者に対して不当な要求をする場合があります．公正取引委員会の指導の対象となった事例には，納入業者が商品を納入後，当該店舗が火災になり，焼失した商品を無償で再入荷することを強要したり，新規開店セールの販売員のボランティアを強要するといったケースがあります．（強要している時点で「ボランティア」と呼ぶのはおかしい気もしますが．）また，販促会議と称して納入業者を集め，その受付の横で販売店の商品の購入を暗黙で強いるといった露骨なケースも見受けられます．

複雑化する社会において非公正な競争もこれまで以上に複雑な形で顕在化するようになりました．公正取引委員会はこうした新たな形態の非公正な競争にも目を光らせなければならないのです．興味のある人は一度，公正取引委員会のホームページ（https://www.jftc.go.jp/）を覗いてみるといいでしょう．

練習問題

1. この章では売手が独占企業である場合について説明しましたが，買手が独占の場合はあるでしょうか．もし，ある場合はどのような企業があるでしょうか．例を考えてみましょう．
2. これまで独占市場の弊害についていくつか例をあげて説明してきましたが，私たちが暮らす社会では独占が公に認められている場合もあります．いったいどのような場合に認められているのでしょうか．

文献ガイド

1. 清野一治（1992），『規制と競争の経済学』東京大学出版会.

2. 大川隆夫（2008），『寡占市場と参入』多賀出版.

第８章

ゲーム理論と行動経済学

この章で考えること

- ゲーム理論とはどのような理論でしょうか
- 戦略的状況ではどのように行動するのが合理的でしょうか
- 現実の人の行動はどういう場合に非合理的なのでしょうか
- 非合理的な人の行動を誘導することは可能でしょうか

8.1　寡占市場と価格競争

第７章では，価格支配力を持つ独占企業を考えました．しかしながら，現実の多くの企業は企業間競争を行っており，市場を独占している場合は少ないように思います．一方で，完全競争というには競争している企業数は多くないようです．なんらかの商品市場を想像してみてください．たとえば，スマートフォンの市場を想像してください．何社のスマホメーカーを思いつきますか．多くても一桁に収まると思います．スマホに限らず，多くの市場では数えられる位の数の企業が競争をしています．このように，数社が競争している状況を**寡占市場**と呼びます．寡占市場は独占市場と完全競争市場の中間の競争形態と言えます．まず，寡占市場での企業の行動がどのようなものになるかを考えてみましょう．

8.2　戦略形ゲーム

8.2.1 ゲーム的状況と戦略形ゲームの表現

寡占企業がどのような状況で競争をしているかを考えましょう．寡占企業は独占企業とは異なり，ライバルの企業と競争をしています．一方で，完全競争企業と異なり，価格を自らつけることに意味が出てきます．ここでは，2つの企業が価格をつけることで競争している場合を考えましょう．このようなケースを**価格競争**とか，**ベルトラン競争**と呼びます．一方で，本書では扱いませんが，生産量を調整することで競争するようなケースも考えることができます．このようなケースは**数量競争**とか，**クールノー競争**と呼びます．

簡単な例を考えてみましょう．価格は高価格と低価格のどちらかを選ぶとします．競争している両企業はまったく同じ費用で供給できるとします．両企業が高価格をつけたとき，利潤の合計が100になるとし，これを2社で分け合うので，各企業の利潤は50となるとしましょう．両企業が低価格をつけたとき，利潤の合計は40になるとし，これを2社で分け合うので，各企業の利潤は20となるとしましょう．一方の企業が低価格，もう一方の企業が高価格をつけたとき，消費者は低価格をつけた企業でしか買わないでしょうから，高価格をつけた企業の利潤は0，低価格をつけた企業の利潤は80となるとします．

この状況では，自企業がたとえ同じ価格を選んだとしても，相手の企業が選んだ価格によって，自企業の利潤が変化してしまいます．また，相手企業にとってもそれは同じです．このように，お互いに互いの選択（ゲーム理論では戦略と呼ぶ）によって，互いの利潤（ゲーム理論では利得と呼ぶ）が変化する状況を**ゲーム的状況**と呼びます．以上のゲーム的状況を表にしたのが表8.1です．

この表をゲーム理論では**利得表**と呼びます．利得表で表されるゲームを**戦略形ゲーム**と呼びます．利得表にはゲームを構成する必須要素である**プレイヤー，戦略，利得**が書かれています．

(1)　**プレイヤー**　意思決定をする主体のこと．ここでは，企業1と企業2の2人のプレイヤーが書かれています．

表 8.1　寡占市場のゲーム

		企業 2	
		高価格	低価格
企業 1	高価格	50, 50	0 , 80
	低価格	80, 0	20, 20

(2) **戦略**　プレイヤーが選べる選択肢のこと．ここでは，両プレイヤーとも「高価格」と「低価格」の２つの戦略を持ちます．プレイヤーは各自の戦略から１つの戦略を同時に選ぶことになります．そのため，このような表で書かれるゲームを同時手番ゲームと呼ぶこともあります．ただし，ここで言う「同時」は必ずしも時間的に同時に選ぶときだけを指しているわけではありません．お互いに自分の戦略を選ぶ時点で相手の選ぶ戦略がわからなければ，同時手番ゲームと考えてよいです．

(3) **利得**　ゲーム終了時の得点のこと．各プレイヤーの戦略を１つずつ選ぶとそれぞれのプレイヤーの利得が決まります．たとえば，企業１が「低価格」，企業２が「高価格」を選ぶと，企業１の利得は 80，企業２の利得は０となります．通常，左に行プレイヤー（ここでは，企業 1），右に列プレイヤー（ここでは，企業 2）の利得を書きます．

8.2.2　戦略形ゲームの解

ゲーム的状況ではプレイヤーはどのような選択をするのが合理的でしょうか．ゲームでプレイヤーがどの戦略を選ぶのかを予測することをゲームを解くと言い，その答えを**ゲームの解**と呼びます．ゲームの解の考え方はいくつも提案されているのですが，ここでは，現代のゲーム理論で最も重要な**ナッシュ均衡**（Nash equilibrium）のみを学びます．

ナッシュ均衡を知るにはまず，**最適反応**（best responce）という考え方を知る必要があります．

最適反応　相手のある戦略に対して，自分の利得を最も高くする戦略を選ぶこと．

たとえば，企業2の「高価格」という戦略に対して，企業1の「低価格」という戦略は最適反応です．なぜなら，企業2が「高価格」を選んだとき，企業1が「高価格」を選ぶと，利得は50ですが，「低価格」を選ぶと利得が80となり，「高価格」を選んだときより大きいからです．

ゲーム的状況での決定が難しいのは相手の戦略によって，自分の選ぶべき戦略が変わってしまう可能性があるからです．そこで，最適反応という考え方を用いると，簡単に自分の選ぶべき戦略が決定できることがわかります．しかしながら，これではまだ両プレイヤーが最終的に選ぶべき戦略はわかりません．そこで，最適反応という考え方を両プレイヤーの立場で考えてみます．

企業1は企業2が「高価格」を選ぶと予想しているとしましょう．そのとき，企業1の最適反応は「低価格」なので，これを選ぶべきです．さらに，このことを企業2も予想しているとしましょう．企業2は企業1が「低価格」を選ぶと予想するので，最適反応は「低価格」になります．しかし，これは企業1の当初の予想である「高価格」と異なっているため，企業1の予想が外れていることになります．そこで，企業1の予想を修正して，企業1は企業2が「低価格」を選ぶと予想しているとしましょう．このとき，企業1の最適反応は「低価格」となります．同様に企業2がこのことを予想しているとすると，企業1の「低価格」に対して，企業2の最適反応は「低価格」になります．今度はどうでしょうか．企業1は企業2が「低価格」を選ぶと予想していたので，企業2の「低価格」に対して最適反応である「低価格」を選んでいます．したがって，企業1が戦略を変更するインセンティブはありません．一方，企業2の立場で考えると，企業2は企業1が「低価格」を選ぶと予想して，最適反応である「低価格」を選んでいます．したがって，企業2も戦略を変更するインセンティブはありません．このように，お互いに最適反応になる戦略（(企業1の戦略，企業2の戦略) = (低価格，低価格)）を選んでいる状態をナッシュ均衡と呼びます．ナッシュ均衡の定義は以下のとおりです．

ナッシュ均衡　互いに最適反応となる戦略の組のこと．

戦略の組とは各プレイヤーの戦略を1つずつ選んで並べたリストのことを言

います．たとえば，（企業1の戦略，企業2の戦略）＝（高価格，低価格）は戦略の組の1つです．ナッシュ均衡は戦略の組なので，表8.1のゲームのナッシュ均衡はなにかと聞かれたら，（低価格，低価格）と答えなければいけません．（20, 20）というように利得の組を答えると誤りです．

8.2.3　価格競争の末路

さて，寡占企業の価格競争のゲームのナッシュ均衡は両企業とも低価格をつけるというものでした．このときの両企業の利潤は20です．もし，お互いが高価格を付けていたら，両企業とも50の利潤が得られたはずですから，どちらも損をしています．このように，ゲーム的状況での均衡はプレイヤーの余剰の合計を最大にするとは限らないのです．完全競争市場での市場均衡では，社会的余剰が最大となったのとは対照的です．

8.3　展開形ゲーム

8.3.1 展開形ゲームの表現

前節では，両プレイヤーが同時に選ぶゲームを考えました．しかし，現実の価格競争を考えてみても，相手の出方を見てから自分の戦略を決めるということはあるでしょう．そこで，この節では，順番に戦略を選ぶゲームを考えます．このようなゲームは**展開形ゲーム**と呼びます．

引き続き，先ほどの企業の価格競争の例を考えましょう．企業1が先に「高価格」か「低価格」かを選び，それを知った企業2が後から，「高価格」か「低価格」を選ぶとしましょう．このように，先手（企業1）と後手（企業2）があるようなゲームを利得表の形で書くと，状況がわかりにくいため，**ゲームツリー**（game tree）という図で表してみましょう．

図8.1がゲームツリーです．逆さになっていますが，木の形をしているのでそう呼びます．ゲームツリーはどの向きで書いてもかまいません．このテキストの図と逆さに書いてもよいですし，横に書いてあるテキストもあります．ゲームツリーには，プレイヤー，局所戦略，利得が書かれています．ゲームツリ

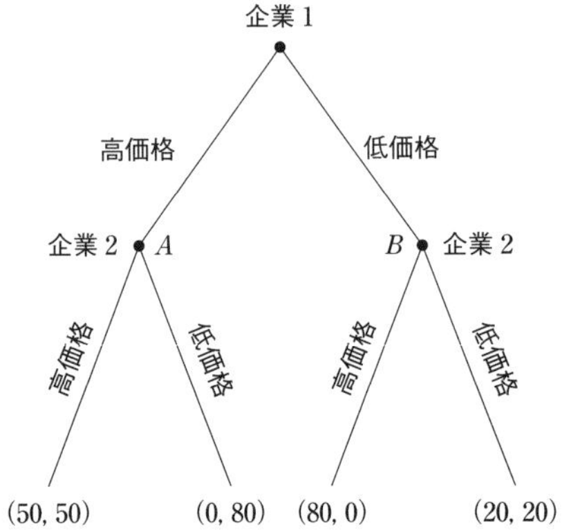

図 8.1　先手・後手のある価格競争

ーを説明しやすくするために，以下で述べるゲームツリーの各要素の名前を覚えてください．

ゲームのスタート地点である企業 1 の点，それから，企業 2 の 2 つの点（A と B），さらに，ゲームが終わる利得の書かれた点，これらをすべて**ノード**(node) と呼びます．ノードというのは，木の節（ふし）のことで，木が枝分かれしている部分を言います．ゲームが終わるノード以外の各ノードでは，プレイヤーがなんらかの選択をするため，意思決定点とか手番と呼ぶこともあります．これらのノードにはだれが決定するのかを明示しなければならないので，そのノードで選択をするプレイヤー名をそばに書きます．

ノードから，引かれている線を枝（branch）と呼びます．枝はプレイヤーの行動を表しているので，そばに局所戦略の名前を書きます．

ノードと枝をたどっていって，行き止まりになった点もノードで，特に終端ノードと呼びます．終端ノードはゲームの終了を意味しているので，そこまでの経路（path）を各プレイヤーが選択したときの利得を書きます．利得は特に記載がなければ，最初のノードから出てきたプレイヤー順に（プレイヤー 1 の利得，プレイヤー 2 の利得，プレイヤー 3 の利得，…）のように書かれます．

プレイヤー　意思決定をする主体です．ゲームツリーでは，自身が選択するノードのそばに名前が書いてあります．

局所戦略　各ノードでの選択肢を表しています．枝のそばに書かれています．

利得　各プレイヤーの得点です．ゲームツリーでは，終端ノードのそばに書かれています．

戦略　各プレイヤーが選択できるゲーム全体を通しての行動計画のことです．ゲームツリーには書かれていないので，注意してください．

展開形ゲームでは，ゲームツリーにプレイヤーのゲーム全体を通しての選択肢（= 戦略）が書かれていません．あるプレイヤーの意思決定点が1つなら，ゲーム全体を通しての戦略とその意思決定点（ノード）の局所戦略は一致します．しかしながら，プレイヤーの意思決定点が複数ある場合，戦略というのはそのすべての意思決定点でなにを選ぶのかを書いたリストのことを言います．たとえば，図8.1のゲームでは，企業1の意思決定点は1つなので，戦略は「高価格」と「低価格」の2つです．しかし，企業2の意思決定点はAとBの2つあるので，「(高価格，高価格)」，「(高価格，低価格)」，「(低価格，高価格)」，「(低価格，低価格)」の4つになります．ここで，各戦略は（Aで選ぶ局所戦略，Bで選ぶ局所戦略）の意味です．

8.3.2　展開形ゲームの解

展開形ゲームの解の考え方も複数あるのですが，最も基本的な**後ろ向き帰納法**（バックワードインダクション：backward induction）による解を説明します．

後ろ向き帰納法では，まず最後に行動するプレイヤーの決定から考えます．図8.1で最後に行動するのは企業2のノードAとノードBでの選択になります．まず，ノードAから考えてみましょう．ノードAでは，企業2が高価格を選ぶと，企業2の利得は50で，低価格を選ぶと企業2の利得は80となります．この場合，低価格を選ぶほうが得なので，企業2は低価格を選びます．選んだことをわかりやすくするために，ゲームツリーのノードAから出ている低価格の枝を色ペンや太線でなぞっておくとよいでしょう．

一方，ノードBでは，企業2は高価格を選ぶと利得0，低価格を選ぶと，利得20なので，低価格を選びます．これについても，ゲームツリーのノードBからでている低価格の枝をなぞっておきましょう．

最後に最初の企業1のノードに戻ります．これまで考えたことを企業1は予測できるでしょうから，企業1が高価格を選ぶと，企業2はノードAで低価格を選ぶはずで，このとき，企業1の利得は0となります．一方，企業1が低価格を選ぶと，企業2はノードBで低価格を選びます．このとき，企業1の利得は20となります．したがって，企業1は低価格を選ぶことになります．

以上の分析から，後ろ向き帰納法による解は企業1が「低価格」，企業2はノードAでの選択とノードBでの選択を並べて書くと「(低価格，低価格)」を選ぶということになります．実際のプレイでは，企業1が低価格で，企業2もノードBで低価格を選び，どちらも20の利得となります．結果として，表8.1の戦略形ゲームでのナッシュ均衡と同じになっています．

8.3.3 展開形ゲームの応用

展開形ゲーム特有の性質を見るために，違うゲームを分析してみましょう．先ほどは両企業が価格をつける価格競争を考えましたが，今度は，価格競争が起きる前の状況を考えてみましょう．

図8.2は参入阻止ゲームと呼ばれます．このゲームではまず企業1が市場に参入するかどうかを決定します．参入しない場合はゲームは終了で，企業1は他の市場に参入し，30の利得を得るとします．一方，企業2は独占を継続することができ，100の利得を得るとします．企業1が参入したら，企業2が価格を決めます．高価格をつけると，両企業に50の利得が発生します．一方，低価格をつけると両企業とも20の利得しか得られません．

このゲームを後ろ向き帰納法を用いて分析してみましょう．まず企業2のノードで，高価格を選ぶと企業2の利得は50で，低価格を選ぶと企業2の利得は20となりますから，高価格を選びます．これをふまえて，企業1の選択を考えましょう．企業1が参入するを選ぶと，企業2は高価格を選ぶので利得は50となり，参入しないを選ぶと企業1の利得は30です．したがって，参入するを選びます．以上のことから，このゲームでの後ろ向き帰納法による解は(参入する，高価格）ということになります．

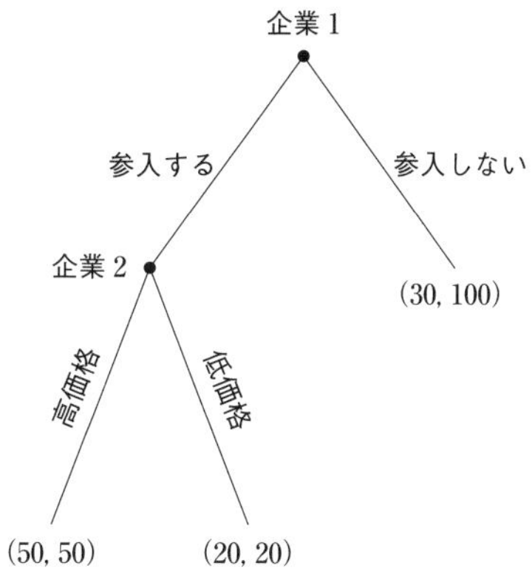

図 8.2 参入阻止ゲーム 1

ここで，もし企業 2 が低価格を選ぶことを先に決められたら，どうなるでしょうか．この場合のゲームツリーが図 8.3 です．先ほどと先手・後手が入れ替わっています．利得の順番も入れ替えているので注意してください．また，企業 2 が低価格を選び，企業 1 が参入しないを選んだとき，企業 2 の利得は 80 としています．これは，低価格で独占している状態の利得を表しています．

では，このゲームを後ろ向き帰納法で解いてみましょう．企業 2 が高価格を選んだとき，企業 1 の利得は参入すると 50 で，参入しないと 30 ですから，参入するを選びます．一方，企業 2 が低価格を選んだとき，企業 1 の利得は参入すると 20 で，参入しないと 30 ですから，参入しないを選びます．

これをふまえて最初の企業 2 のノードを考えます．企業 2 が高価格を選ぶと，企業 1 は参入するを選ぶので，企業 2 の利得は 50 となり，企業 2 が低価格を選ぶと，企業 1 は参入しないを選ぶので，企業 2 の利得は 80 となります．したがって，企業 2 は低価格を選びます．以上のことから，解は（低価格，(参入する，参入しない)）となります．

先ほどの企業 1 が先手のゲームでは，企業 1 は参入して，企業 2 は高価格をつけるという結果でした．一方，企業 2 が先手のゲームでは，企業 2 が低価格をつけ，企業 1 は参入しないという結果になりました．このように，参入を予

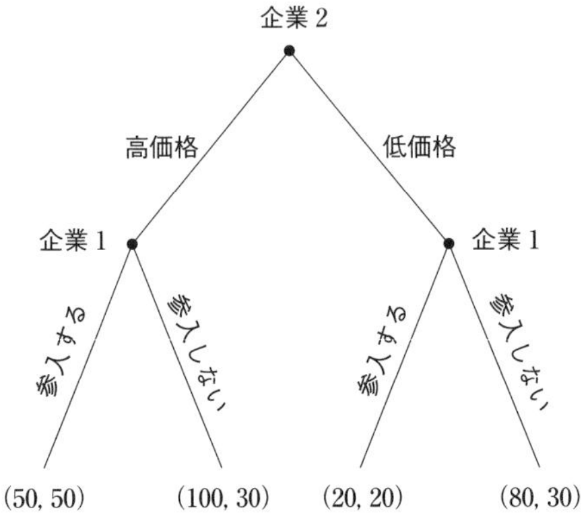

図8.3　参入阻止ゲーム2

期した企業（ここでは企業2）が先手をとって低価格をつけることを参入阻止と呼び，そのときつける低価格を参入阻止価格と呼びます．企業はライバルが参入していなくても，ライバル企業が参入したくなくなるような低価格をあらかじめつけて，競争が起きないようにすることがあります．そのため，（参入阻止を目的とした）極端な低価格は独占禁止法に違反していると判断されることがあります．詳しくは，産業組織論というゲーム理論がよく応用される分野を学んでください．

さて，利得を比べると，企業1が先手のゲームでは両企業とも50なのに対して，企業2が先手のゲームでは企業1は30で，企業2は80となっていて，参入阻止が成功する企業2が先手のゲーム（図8.3）のほうが，企業2の利得が高いことがわかります．

上記の例では，先手のプレイヤーのほうが得をするようになっていました．しかしながら，一般に，先手と後手のどちらが有利かはゲームによって異なります．

8.4　行動経済学

8.4.1　経済学と合理性の仮定

これまで考えてきたナッシュ均衡や後ろ向き帰納法でのプレイヤーの選択はあまりにも計算ずくで人間味がないように思われたかもしれません．経済学やゲーム理論は伝統的に意思決定主体の完全合理性というものを仮定してきました．完全合理性というのは最も最適な行動をいかなる大量の計算を尽くしてでも選ぶことができるということです．それに対して，合理性になんらかの制約を設けることを限定合理性と呼びます．現実の人間を被験者として行われた実験によると，ときに現実の人々は合理的とは言えない選択をすることが知られています．この節では，このような実験の結果をふまえて，経済理論を発展させていこうとしている行動経済学という分野について説明します．

8.4.2　バイアス

合理的ではないといっても，人々がでたらめ（ランダム）に間違いを犯すのであれば，理論的にはあまり問題になりません．なぜなら，その場合は多くの人の平均をとれば合理的な行動になっているからです．

したがって，理論上問題になるのは多くの人が同じような方向に間違いを犯すことがわかった場合になります．このような傾向的な誤りを**バイアス**（bias）と呼びます．したがって，行動経済学とは人々のバイアスを明らかにして，それに対応した理論を構築する経済学だと言えます．

以下では，行動経済学で扱われるいくつかのバイアスを紹介します．バイアスにかかわる問題を出していきますので，自分の答えを書いてから，その後の説明を読んでください．

ヒューリスティック

Q1　（Tversky and Kahneman[1983]）以下の文を読んで，1～8を可能性の高い順に並べよ．

リンダは31歳，独身，率直でとても明るい．専攻は哲学．学生時代は差別や社会正義の問題に深く関心を持ち，反核デモにも参加した．

1. リンダは小学校の教師．
2. リンダは書店で働き，ヨガのクラスを受講している．
3. リンダはフェミニスト運動に積極的である．
4. リンダは精神科のソーシャルワーカーである．
5. リンダは有権者女性連盟のメンバーである．
6. リンダは銀行の窓口係である．
7. リンダは保険の販売員である．
8. リンダは銀行の窓口係であり，フェミニスト運動で活動している．

リンダという架空の人物に関する質問ですが，皆さんはどのように並べたでしょうか．

皆さんが並べた順序のうち，3と6と8に注目してください．ブリティッシュコロンビア大学の学部生に対して行われた実験では（可能性の高い順で）3,8,6の順に並べた人が85%だったと報告されています．しかしながら，ちゃんと考えるとこれは間違っていることがわかります．なぜなら，6は8の一部分を言っているからです．つまり，リンダのことをまったく知らなくても，「銀行の窓口係，**かつ**，フェミニスト運動で活動している」確率よりも，「銀行の窓口係」の確率のほうが高いことはわかります．にもかかわらず，私たちはリンダの説明から持った先入観（バイアス）によって間違った判断をしてしまうのです．この間違いは**連言錯誤**と呼ばれます．

上記の例のように，私たちは日常的には，じっくり論理的に考えて判断することは少なく，直感的に多くの物事を判断していると考えられます．このような簡易的な判断のことを**ヒューリスティック**（heuristic）と呼びます．特に，リンダの問題のように，あらかじめ持っていた代表的なイメージや典型例をもとにした短絡的な判断を**代表性ヒューリスティック**と呼びます．

フレーミング効果

では，つぎの質問に移りましょう．あなたは医師から治療の必要があると言われ，リスクの説明を以下のように受けます．そして，治療法を選択しないと行けません．

Q2 （McNeil et al. [1982]）どちらの治療法を選択しますか．

1. 手術：手術を受けた 100 人のうち，90 人が術後まで生存し，1 年目の時点で 68 人，5 年目の時点で 34 人が生存している．
2. 放射線治療：放射線治療を受けた 100 人のうち，全員が治療中は生存し，1 年後に 77 人，5 年後に 22 人が生存している．

答えを記録してください．では，一度この質問については忘れてください．忘れたら，つぎの質問に答えてください．

Q3 （McNeil et al. [1982]）どちらの治療法を選択しますか．

1. 手術：手術を受けた 100 人のうち，10 人が手術中または術後に死亡し，1 年後までに 32 人，5 年後までに 66 人が死亡する．
2. 放射線治療：放射線治療を受けた 100 人のうち，治療中に死亡する人はいない．1 年後までに 23 人，5 年後までに 78 人が死亡する．

Q2 と Q3 の答えはどうだったでしょうか．実験では，Q2 の場合，18%が放射線治療を選び，Q3 の場合，44%が放射線治療を選ぶという結果が出ています．

論理的に考えると，Q2 と Q3 はほぼ同じ事実を述べています．100 人中 90 人が術後生存するということは，100 人中 10 人が死亡したということです．他の説明も Q2 と Q3 では同じ事実を生存数と死亡数に言い換えているだけに過ぎません．にもかかわらず，人々の選択は影響を受けます．この実験の被験者は一般の患者，ある程度経験を積んだ医師，統計や意思決定論を学んでいるビジネススクールの学生でしたが，このような言い換えから受ける影響には差がないことが報告されています．このように，事実のどの側面に焦点を当てて説明するかによって，人の選択は大きく影響を受けるのです．この効果は**フレーミング効果**と呼ばれます．

現状維持バイアスと保有効果

第 2 章のコラム 2 では，カーネマンらのマグカップの実験について述べました．この実験で，保有している状態からマグカップを手放す対価は保有していないときと比べて高くなってしまうことが明らかとなりました．これを**保有効果**と呼びます．保有効果の源泉は現在の状態の維持を好むバイアスと考えられます．たとえば，携帯電話の料金プランなど，一度契約してしまうと他社に安いプランがあると知ってもなかなか契約を変更しなかったりしますよね．このように，現状を変更したほうが得なことがわかっているのに，現状を好むことを**現状維持バイアス**と言います．行動経済学の重要な考え方にプロスペクト理論というものがあります．これは，現状を参照点として，そこからの変化で人は効用を感じたり，不効用を感じたりするという考え方です．また，参照点から損失を感じる場合の不効用は利得を感じる場合の効用より大きいことなどを主張しています．これをふまえると，多くの人は現状から変化させたときに起こりうる損失を合理的な人より過剰に恐れると考えられます．そのため，現状を変えないことを好んでしまうのです．

不平等回避性

Q4　100万円を2人で分けるゲームをします．1人は提案者，もう一人は応答者になります．提案者は両者の取り分を提案します．応答者は提案者の提案を受諾するか拒否するかを決めます．受諾した場合は提案者の提案どおりに100万円を分けます．拒否した場合は両者とも取り分は0円となります．
あなたは提案者になりました．自分の取り分を何円にしますか．

このゲームは**最後通牒ゲーム**（ultimatum game）と呼ばれます．まず，合理的な人であればどのような提案をするかを考えてみましょう．先手と後手のあるゲームですので，後ろ向き帰納法を使って考えます．

まず，応答者の行動を考えましょう．仮に提案者の提案がx万円だとします．このとき，応答者が受諾したときの利得は$100-x$万円となります．一方，拒否した場合の利得は0円なので，受諾する条件は$100-x \geq 0$です．この不等式を解くと，$x \leq 100$となります．つまり，100万円以下を提案すれば受諾されることになります．

つぎに，提案者の行動を考えます．$x \leq 100$を満たさなければ，提案者の提案は拒否され利得は0です．したがって，この条件を満たす中で提案者の利得が最大になる提案をすればよいのですが，これは当然 $x=100$ です．つまり，このゲームの後ろ向き帰納法による解は（$x=100$，受諾する）となります．つまり，提案者がすべての取り分を奪ってしまいます．

さて，この合理的な人の行動は皆さんの答えと一致したでしょうか．実験では，多くの人は自分の取り分を $x=100$ にはしないことが知られています．実験をして最も多く見られる提案は $x=50$ という平等なものです．

では，なぜ提案者はこのような平等な提案をするのでしょうか．実験では，自分の取り分が少ない不平等な提案をされた応答者は，拒否する場合が多く見られます．少なめの取り分を受け取ることより，不平等な提案をした相手の利益をゼロにしたい（罰を与えたい）という気持ちが強く働くようです．このような性質を**不平等回避性**と呼びます．これをふまえると，もし利己的な提案者であっても，この罰を恐れて平等な提案をするでしょう．私たちの社会は不平等で自分だけが利益を得るような行動を強く罰することでうまくいってきたのかもしれません．

8.4.3 ナッジ

ここまで，ときに人は非合理的な行動をすることを説明してきました．このことをうまく利用して，社会的に望ましい行動をとるように誘導できないでしょうか．このような考え方を**ナッジ**（nudge）と呼びます．ナッジとは軽く肘でつつくという意味です．軽く肘でつつく程度の介入で人に注意を促し，行動を変えようということです．

たとえば，現状維持バイアスを利用する方法があります．現状維持バイアスによって，人は最初の選択を変えない性質があるのでした．だったら，最初の選択を社会的に望ましいものにしておけばよいでしょう．このような考え方を使った方法をデフォルトオプションと言います．デフォルトオプションというのはなにもしないときの選択肢のことです．

1つ例をあげると，日本では，臓器移植の意思を表明していない人は臓器提供する意思がないと判断されます．つまり，デフォルトが「臓器提供しない」になっています．そのため，内閣府の2017年の調査によると臓器提供の意思がある人は41.9%いるのに，実際に臓器提供の意思表示を記入している人は

10%ほどしかいません．これは，他の国でも同様で，「臓器提供しない」がデフォルトになっている国は4～28%程度の提供同意率しかありません．しかしながら，「臓器提供する」がデフォルトとなっている国は低いほうでもスウェーデンの85.9%で，それ以外の国は99%を超える提供同意率となっています．このように，デフォルトを変更することは，ある程度個人の意思を尊重しつつ社会的に望ましい行動を促すことができると考えられます．

ナッジによる政策は法的な強制や大きな費用をかけずに人々の行動をより良い方向に変えることが期待されています．イギリスでは2010年に内閣府のもとにBehavioral Insights Team（BIT）というナッジの設計部門を立ち上げ，政策設計を行っています．日本でも環境省や経済産業省や一部の市町村などでナッジ・ユニットが立ち上がっています．今後，ナッジによって，社会が改善されていくことが期待されています．

コラム8：スポーツとゲーム理論

合理的な行動というのは予測しやすいですが，非合理的な行動は予測しにくいです．経済学が合理的な行動を仮定してきたのには，予測が容易であるという側面があることは否定できないでしょう．ゲーム理論による行動予測もプロスポーツという合理的な行動をしなければ，生き残れない厳しい世界であれば成り立つことが知られています．Palacious-Huerta［2003］によると，プロサッカーの試合でのペナルティーキックでは，選手のキックする方向とキーパーのセーブする方向の選択はほぼナッシュ均衡の予測どおりになっていることが報告されています．選手がナッシュ均衡の解を知ってプレイしているわけではないでしょうから，勝つための最善の行動を選択していった結果，自然にナッシュ均衡の示す合理的な行動にたどり着いたのです．

練習問題

1. つぎのゲームのナッシュ均衡による解を求めてください.

表 8.2　チキンゲーム

		プレイヤー2	
		進む	止まる
プレイヤー1	進む	−2, −2	1, −1
	止まる	−1, 1	0, 0

2. 3人のプレイヤーの決闘を展開形ゲームで考えましょう. プレイヤーA, B, Cの順に行動するとしましょう. プレイヤーCが一番強く, 1回の攻撃で1人の敵を倒すことができます. つぎにプレイヤーBが強く, 1回の攻撃でプレイヤーAならば倒すことができます. プレイヤーAが一番弱く, 1回の攻撃ではだれも倒すことはできません. しかしながら, プレイヤーAとプレイヤーがBがともにプレイヤーCを攻撃すれば倒すことができます. 賞金は12億円で, 生き残った人数で山分けをします. 倒された場合は利得0とします. 各プレイヤーの局所戦略は自分以外のプレイヤーのどちらを攻撃するかです (たとえば, プレイヤーAならば, 局所戦略はBとCです). このゲームを後ろ向き帰納法で解いて, それぞれの利得を答えてください. (どちらを選択しても利得が同じ場合は強い方を攻撃するとしてください.)
3. この章で紹介した以外のナッジの実例を調べて説明してください.

文献ガイド

1. 細江守紀・村田省三・西原宏 (2006), 『ゲームと情報の経済学』勁草書房.
2. 松井彰彦 (2010), 『高校生からのゲーム理論』ちくまプリマー新書.
3. 大竹文雄 (2020), 『行動経済学の使い方』岩波新書.

4. 和田良子（2020),『実験経済学・行動経済学 15 講』新世社.

第9章

国内総生産（GDP）とはなにか

この章で考えること

- 国内総生産（GDP）とはなんなのでしょうか
- 国内総生産（GDP）にはさまざまな導出方法があります．なぜなのでしょうか
- 日本，および世界各国の国内総生産（GDP）はどのようになっているのでしょうか

9.1　国内総生産とはなにか

第9章以降は，マクロ経済学と呼ばれる分野について学びます．第8章までは，ミクロ経済学と呼ばれる分野について検討してきました．そこでは，企業，家計，特定の財・サービスの市場の状況について分析してきました．これに対し，マクロ経済学では，一国全体の生産活動の動き（後に見るように，国内総生産や国内総生産が毎年何％変化するのかで考えます），失業率（働く意思のある人のうち，失業している人の比率），物価の動きなどについて焦点を当てます．

この章では，特に**国内総生産**について学びます．国内総生産は，一定期間内に，一国内で生産されたすべての最終的な財・サービスの金銭的な価値のこと

です．国内総生産は，英語で Gross Domestic Product と言いますが，その頭文字３つをとって，GDP ということもあります（この章の以下の部分でも主に GDP と書くことにしましょう）．この GDP は，その国の経済活動の規模を表す代表的な指標であり，マクロ経済学における最も重要な指標の１つであると考えられています．

GDP についてもう少し詳しく考えることにしましょう．GDP は，通常何円とか何ドルとか何ユーロのように金銭単位で表現することになります．財が１つしかないのであれば，米○トンのようにして経済活動の様子を表すこともできるかもしれませんが，世の中には多くの財・サービスがあります．たとえば，米１トンと車１トンを合計して２トンとしても意味があるとは思えません．

さらに，GDP を考えるときには，最終的に生産された財・サービスで考えます．たとえば自動車を考えると，自動車を生産する際には，部品（エンジン，ハンドル，ガラス，鉄など）が必要となりますが，エンジンの生産額，ハンドルの生産額，ガラスの生産額，鉄の生産額１つ１つを GDP に含めることはしません．あくまでも最終的に生産された自動車の市場価値で評価します．

GDP には，自動車などの形のある財だけではなく，生産されたサービスも含まれます．たとえば，美容院でカットをしてもらい，カット代 5,000 円を支払った場合，美容院は 5,000 円のサービスを生産し，お客さんは 5,000 円のサービスを消費したと考えます．

GDP では一国内というように国単位で考えます．たとえば，日本の GDP には，日本の国内で活動する海外の企業が生産したものは含まれますが，日本企業がアメリカや中国の支社で生産した分は含まれません．これに対して，「国民」という概念で生産活動を測る場合もあります．これは，**国民総所得**（Gross National Income，**GNI**）と呼ばれます．かつては，国民総生産（Gross National Product，GNP）と呼ばれていましたが，現在では GNI を使用します．

GDP は一定期間内にという期限を区切りますが，通常は１年で考えます．ただし，１年の間にはさまざまな変動が起こりますので，３か月（四半期と言うことがあります）ごとにデータを出していきます．

9.2　GDPのその他の定義

前節では，GDPを一定期間内に，一国内で生産されたすべての最終的な財・サービスの金銭的な価値と定義しました．実は，GDPは，これとは別のやり方でも定義できます．説明のために，図9.1を用いることにします．

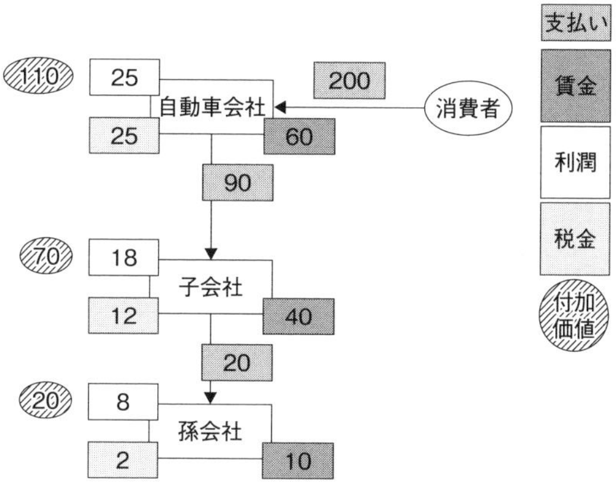

図9.1　GDPの簡単な例（単位は万円）

図9.1では，自動車会社（親会社）と子会社と孫会社の3つが存在しています（あくまでも架空の話です）．たとえば，子会社では，自動車を作るための部品（たとえば，エンジン）を作り，孫会社では部品の部品（たとえば，エンジンの部品）を作っていると考えることにしましょう．

孫会社では，なにもないところから「部品の部品」を作り，それを子会社に20万円で売っています．この孫会社では，間接税を2万円払い，賃金を10万円払っていますので，8万円の利潤を得ています．

子会社では，孫会社から20万円で購入した「部品の部品」をもとに「自動車の部品」を作り，それを親会社に90万円で売っています．子会社では，間接税を12万円払い，賃金を40万円払っていますので，18万円の利潤（90－20－12－40，単位は万円．以下も単位をつけていないときには，同様に万円だと考えてください）を得ています．

親会社では，子会社から90万円で購入した「自動車の部品」をもとに自動車を作り，それを消費者に200万円で売っています．親会社では，間接税を25万円払い，賃金を60万円払っていますので，25万円の利潤（200－90－25－60）を得ています．

この経済におけるGDPはいくらになるでしょうか．GDPは最終財（自動車）の生産総額だと考えると，200万円であることがわかります．生産された自動車は消費者が購入しています．「だれかが生産したものは，だれかが購入している」と考えると，GDPは，「一定期間内における，一国内でのすべての最終的な財・サービスへの支出総額」と定義できます．このように定義されたものを**国内総支出**と呼ぶこともあります．

経済を「企業」，「家計（労働者）」，「政府」から構成されると考えることにしましょう．生産されたGDPは上の3つのどこかに分配されています（図9.2を見てください）．企業に分配されているのは51万円（25+18+8=51です．3つの企業の利潤を合計しています），政府に分配されているのは，39万円（25+12+2=39です．これも3つの企業が支払った分すべてを合計しています），家計に分配されているのは，110万円（60+40+10=110です．3つの企業の労働者に支払われた分すべてを合計しています）となっています．この3

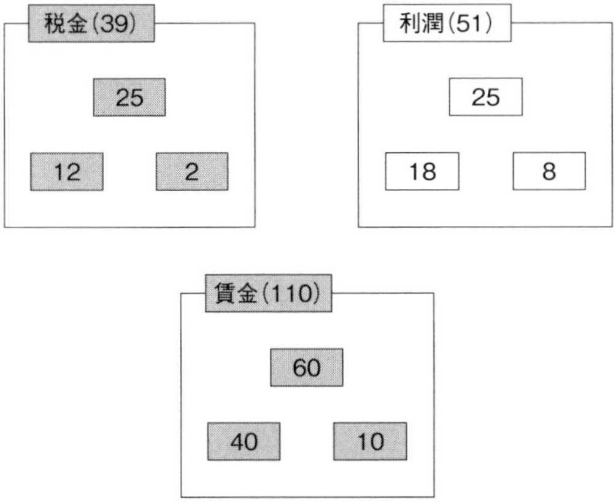

図9.2　分配面から見たGDP

つを合計すると，51万円＋39万円＋110万円＝200万円となることがわかります．すなわち，「生産されたものは，だれかのものになっている」と考えるといいかもしれません．

つぎに，**付加価値**という概念を導入することにしましょう．付加価値とは，生産において新たに付け加えられた価値のことです．実は，GDPは各企業の付加価値に分解できます．たとえば，親会社は90万円で購入した部品を200万円の価値にして売っていますので，110万円ほど価値を新しく付け加えた（すなわち付加価値は110万円になる）と考えます．子会社の場合，20万円で購入した部品を90万円の価値にして売っていますので，70万円ほど価値を新しく付け加えた（すなわち付加価値は70万円になる）と考えます．同様に考えると，孫会社の付加価値は20万円になります．GDPは，それぞれの企業の付加価値の合計としても表されることになります．この場合，110万円＋70万円＋20万円＝200万円となります．当然のことですが，付加価値の合計として求めたGDPは，生産総額，支出総額から求めたGDPの値と一致しています．

GDPの第1の定義では，最終的に生産された財・サービスの市場価値と定義されました．上の説明を見てもわかるように，部品が重要ではないということではありません．その財やサービスを生産する際に，用いられた材料や部品の価値は，最終的に生産された自動車の価値の中に含まれているのです．したがって，私たちがGDPを考える際には，部品の価値1つ1つをすべて計算する必要はなく，最終的に生産された財・サービスだけに注目すればいいのです．このように，生産から見ても支出から見ても分配から見ても等しくなることを**三面等価の原則**と言います．

9.3　生産・支出・分配面から見たGDPの詳細

あるラーメン屋の例を考えることにしましょう．1日で平均300杯のラーメンを売るラーメン屋があるとします．このラーメン屋では，1日に300杯のラーメンが生産され，1日300杯のラーメンが消費されることになります．このように生産と消費（支出）とは深く関係していることがわかります（前節では自動車の例で説明しました）.

それではなぜ，このラーメン屋では，1日300杯のラーメンが売れるのでしょうか．これには2つの見方ができます．このラーメン屋は，本当は1日500杯ラーメンを作ることができるかもしれません．しかしながら，来客数が300人程度であるため，1日に生産されるラーメンは500杯ではなく300杯ほどになるというものです（1人1杯注文すると仮定することにしましょう）．すなわち，お客さんの数によって生産量が決まるという考え方です（経済学の言葉で言えば，需要によって供給が決まると言えるでしょう）．もう1つの可能性は，このラーメン屋は1日300杯しかラーメンを作れないというものです．この場合，たとえ400人のお客さんがラーメンを食べたいと思っていてもラーメンは300杯しか作られないし，300人しか食べることができないのです．ラーメン屋さんの生産能力によって1日の生産量が決まるというのが第2の考え方です（供給能力によって需要が制限されると言えるでしょう）．1日300杯のラーメンが売れる場合でも2つの可能性があります．この違いは非常に大事ですので，覚えておいてください．

つぎに，GDPを生産・支出・分配からより詳しく見ることにしましょう．まずは，生産面から見ることにします．ここでは，**第1次産業**（農林水産業），**第2次産業**（鉱業，製造業，建設業），**第3次産業**（サービス産業など）に分けて考えることにします．内閣府「2021年度国民経済計算年次推計」のデータを見ると，2021年における第1次産業の割合は1.0%です．第2次産業は約26.1%，第3次産業が72.9%となっています．いわゆるものづくりに相当する製造業は第2次産業です（第2次産業には，このほかに建設業と鉱業が含まれます）．日本では「ものづくり」が盛んだというイメージを持っている人がいるかもしれません．それは間違いではないかもしれませんが，製造業が経済全体に占める比重で見ると2割程度（2021年では20.5%）となっています．日本経済の多くを占めるのは第3次産業です．

図9.3では，産業別の就業者の割合の変化が描かれています（付加価値ではなく働いている人の割合であることに注意してください．ただし，付加価値で見ても同様の傾向があります）．第1次産業は一貫して減少傾向です．第2次

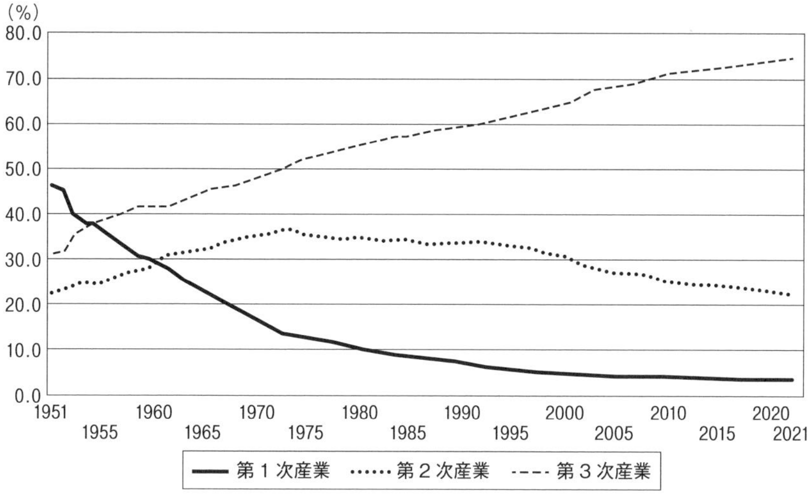

図 9.3　産業別の就業者（全体に対する割合，1951 ～ 2022 年）

出所：「労働力調査」より筆者作成.

産業は，はじめは増加傾向でしたが，その後減少に転じています．その分を第3次産業で吸収しています．このような傾向は先進国共通のものであり，これをペティー＝クラークの法則と呼びます．

つぎに，GDPを分配面から見ることにしましょう．分配面から見たGDPは以下のようになります．

分配面から見たGDP
　＝家計の収入＋企業の収入＋政府の収入＋固定資本減耗

家計の収入（GDP比で52.6%）は，労働者の受け取る賃金でGDPの52.6%を占めています．企業の収入（GDP比で14.0%）は，具体的には，自営業主の所得，法人企業の利潤，利子収入，地代収入などによって構成されています．政府の収入（GDP比で8.6%）は間接税－補助金です．最後に固定資本減耗（GDP比で25.2%）があります（数値は内閣府「2021年度国民経済計算年次推計」のデータをもとに計算しています）．全部を合計しても100%になりませんが，これは統計上の不突合のせいです．

ここで，固定資本減耗が右辺にあることはやや理解することが難しいかもしれません．いま，GDPが100だとしましょう．1年間で機械の価値が20減少したとします．すると，企業，政府，家計に分配できるのは80となるでしょう．すなわち，「GDP－固定資本減耗 = 家計の収入 + 企業の収入 + 政府の収入」と考えるとよりわかりやすいかもしれません．

以下のように考えることもできます．生産量が100の企業があるとしましょう．賃金（労働者の所得）が50，税金が5であったとします．ここで，機械の価値の減少が20あったとすると，企業の利潤は100－50－5－20＝25となるでしょう．このように考えると，分配から見たGDPを上の式のように書けるのが理解できるのではないでしょうか．

最後に，支出面から見たGDPを考えます．支出面から見たGDPは

支出面から見たGDP＝ 消費 + 投資 + 政府支出 + 純輸出

となります．消費（GDP比で53.8%）は一般の家計が購入した財・サービスのことです（データは，内閣府「2021年度国民経済計算年次推計」をもとに計算しています）．ただし，住宅を購入した場合は投資に含まれます．投資（GDP比で25.8%）は，企業の行う設備投資，家計の行う住宅投資，在庫投資からなります．政府支出（GDP比で21.6%）は，中央政府・地方政府による財・サービスの購入です．純輸出（GDP比で－1.2%）は，輸出－輸入です．支出面から見たGDPは，生産されたものをだれが購入しているのかといった視点からGDPを表したものだと解釈できるでしょう（なお，ここでは，政府による公共投資は政府支出に分類しています）．

純輸出について少し補足しておくことにしましょう．たとえば，家計が購入する財・サービスには外国で生産したものも含まれます．したがって，消費したものをだれが生産したかというと，国内で生産された分（GDP）と海外で生産された分（輸入）を足したものであることがわかるでしょう．これに対して，生産されたものをだれが消費したのかというと，家計（消費），企業（投資，ただし住宅投資は家計によって行われます），政府（政府支出），および海外の人々や企業（輸出）に分けられます．したがって，「GDP+ 輸入 = 消費 + 投資 + 政府支出 + 輸出」となります．ここで，輸入を左辺から右辺に移

項すると，「支出面から見たGDP＝消費＋投資＋政府支出＋純輸出」が成立することになります（輸出－輸入のことを純輸出と呼ぶことに注意してください）．

9.4 国内純生産，国民所得

この節では，**国内純生産**と**国民所得**を紹介します．国内純生産とは，「一定期間内に一国内で生産された純付加価値の合計」と定義されます．ここで，重要になってくるのは，固定資本減耗という考え方です．資本（機械や設備と考えていいでしょう）は通常，使用している段階で摩耗したり，損傷したりします．すなわち，機械や設備を使用すると，「すり減っていく」ことになります．このすり減った機械の金額が固定資本減耗だと考えればよいのです．たとえば，今年の1月において100万円の価値のある機械を企業が持っていたとします．1年間生産活動にこの機械を使用することで，機械の価値が80万円になったとします．1年間で機械の価値が20万円減少したわけです．この20万円が固定資本減耗に相当します．国内純生産とは，国内総生産から固定資本減耗を引いたものです．先ほどの例では，200万円の市場価値のある自動車を生産していました．仮に，親会社，子会社，孫会社の3社で30万円ほどの固定資本減耗があったとすると，国内純生産は170万円になるでしょう．

国民所得とは，GNIから固定資本減耗を引きさらに間接税を引き，補助金を足したものです．税金で引かれ，補助金を足されていますので，国民の取り分と考えるとよいでしょう．

9.5 GDPに含まれるもの，含まれないもの

ここでは，GDPにおけるいくつかの補足をしておきます．GDPには，よく考えると果たしてGDPに含まれるのかどうか直感的にわかりにくいものも存在します．たとえば，以下のようなものはGDPに含まれるかどうか考えてみ

てください．

① 農家が自分で作った野菜を自分で消費した
② 一般の家庭が家庭菜園を行い，育てた野菜を食べた
③ 持ち家所有者の住宅サービスの享受
④ 中古品の売買
⑤ 警察，国防などの治安を維持するための政府のサービス
⑥ 主婦による家計労働
⑦ 地下経済での拳銃や麻薬などの非合法的取引

GDPに含まれるのは，①，③，⑤です．①は農家が自分で生産したものを自分で購入したと考えます．③は，自分の住宅を自分で貸して自分で借りたと考えます．皆さんの中で1人暮らしをしている方がいるかもしれませんが，その場合，家賃を払って住宅に住むというサービスを大家さんから購入していると考えることができるでしょう．持ち家の場合，大家さんも借りる人も同じ人になるというイメージです．⑤の場合，警察官や自衛隊（海外の場合は軍隊の人になるでしょう）の方に支払われた給与額に相当するサービスが提供されたと考えることができます．

GDPの定義には生産から見ても支出から見ても等しいというものがありました．しかし，皆さんの中にはこれはおかしいと思った方もいるでしょう．たとえば，現実には売れ残りが存在するので，企業が作った分と消費者が買った分は一致しない可能性があります．すると，生産と支出は一致しないのではないでしょうか．これについては以下のように考えます．確かに，生産された財の「売れ残り」が存在しますが，それは在庫投資（在庫品の増加）として取り扱います．簡単に言うと，将来それが売れるであろうことを見越して多めに作って，今期においては，「自分で作って自分で買った」ものとして統計上処理をするのです（GDPの支出面に在庫投資という項目があったことを確認してください）．基本的には，生産された年のGDPに入ると考えてよいでしょう．今年の12月に生産されたものが，12月末時点で「売れ残り」，つぎの年の4月に売れた場合を考えます．この場合，12月末の時点で作った企業が自分で

購入し（したがって，今年の時点で生産＝支出となる），つぎの年の取引はあたかも中古品の売買が行われたかのように考えることになります（実際には新品の取引なのですが）．

9.6 日本のGDP

この章のこれまでの部分では，GDPの定義について紹介しました．実際に日本のGDPはどのようになっているのでしょうか．内閣府「国民経済計算（GDP統計）」によると，2021年度の名目GDPは562.7兆円，実質GDPは549.2兆円（2015暦年連鎖価格）です（名目GDP，実質GDP，連鎖価格などについては第10章で検討します）．長らくの間，日本は世界第2位の経済大国などと呼ばれていたのですが，2010年に中国に抜かれ第3位に転落しました（なお，この原稿を書いている2023年10月に，日本の2023年の名目GDPがドイツに抜かれ，世界第4位になる見通しであるというニュースが発表されました）．

GDPとは一国内での生産総額ですので，人口が多い国のほうがたくさん生産できそうです．そこで，**1人あたりのGDP**が重要になってきます．1人あたりのGDPはGDPを人口で割って求めることになります．この値は，1人あたりでどの程度付加価値を作ることができたのかを表しますので，経済の効率性の目安となるでしょう（より厳密には，効率性を測るときには，人口ではなくて働いた人の数で割るべきなのですが）．私たちは生産されたものを消費しますので，1人あたりのGDPは1人ひとりがどの程度消費できるのかの目安としても使用することができるでしょう．

実は，1人あたりのGDPは，その国がどの程度豊かかを表す重要な指標であると考えられています．図9.4の1人あたりのGDP（名目値）の順位を見てみると，日本は世界で31位となっています．この順位は先進国の中ではかなり低いものとなっています．かなり乱暴な言い方をすれば，日本が経済大国と呼ばれているのは，人口が多いためにGDPが高い値を保っているからだと言えるかもしれません．1人あたりのGDPという視点から見ると，他の先進

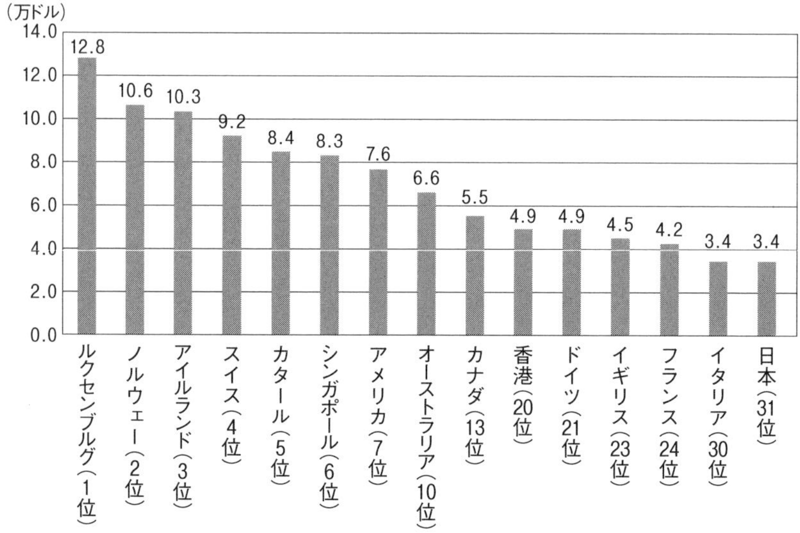

図9.4　世界の国々の1人あたりの名目GDP（2022年）

出所：IMF「World Economic Outlook」より筆者作成.

国に大きく遅れをとっているのです．ちなみに，アジアの国々と比べてみてもシンガポール，香港をすでに下回っているというのが現実です．「なんだかんだいっても経済だけはアジアでトップ」という時代は残念ながら過去のものとなってしまいました．

コラム9：GDP以外の指標

この章では，1人あたりのGDPが豊かさの目安となるということを述べましたが，この値が上昇すれば，人々は幸福になるのでしょうか．一般的に，GDPが低い国では，平均寿命が短く，乳幼児死亡率が高く，安全な飲料水の利用可能性が低く，高等教育を受ける人の割合や識字率が低いことが知られています（文献ガイド1の本を参照してください）．したがって，GDPが高くなれば，ある程度人々の生活の満足度や幸福度が上昇しそうな気がします．

しかしながら，人々の生活の満足度は1人あたりのGDP以外にもさまざまな要素があります．たとえば，自然環境が豊かかどうかとか公害がないかなどの環境問題はその一例としてあげられます．所得が上昇しても，その分外出もできないほど空気が汚れてしまったら生活の満足度は低下してしまうかもしれません．汚染された環境から身を守るために，本来きれいな環境のところに住んでいれば必要のない財・サービス（たとえば，必要以上の空気清浄機やマスク，公園で遊べないからしょうがなく室内の有料の遊び場を利用することなどが考えられるでしょう）への支出によりGDPが増加した場合，人々の幸福度は上昇しているのでしょうか．その他にも治安，自由に自分の人生を選択できるか，配偶者がいるか，失業をしていないか，信頼できる人が周りにいるかなどのさまざまなものが人々の生活の満足度に影響を及ぼしていそうです．

近年の幸福度に関する研究では，自分の生活満足度や幸福度に対して自己申告で点数をつけるようなことも行われています．一例をあげると，世界各国の1人あたりGDP（物価水準で調整）と幸福度の関係を調べた調査では，1人あたりのGDPが十分に低いときには，1人あたりのGDPとともに幸福度も上昇する傾向がありますが，ある程度に達すると，1人あたりのGDPが増加しても幸福度はそれほど増加しないというようなものも紹介されています（たとえば，文献ガイド3にあげた本の第3章を参照してください）．

1人あたりのGDPは確かに有用な指標ですが，人々の生活の満足度を高めるためにはなにが必要なのかということを考えると，これが唯一無二の指標ではないことに注意が必要でしょう．

練習問題

1. 日本のGDPが第2次世界大戦後，どのように変化してきたのかを調べてみましょう．
2. 9.5節では，GDPに含まれるもの，含まれないものについて考えました．

GDPに含まれないとされたものは，なぜ含まれないのでしょうか．考えてみましょう．

3. 世界のGDPランキングを作ってみましょう．図9.4とはどのような違いがあるでしょうか．
4. 1人あたりのGDPが増加すると幸福になれるでしょうか．周りの人と議論してみましょう．

文献ガイド

1. N・グレゴリー・マンキュー（足立英之ほか訳）(2017)，『マンキュー マクロ経済学I入門篇（第4版）』東洋経済新報社．
2. 中谷巌（2007)，『入門マクロ経済学［第5版］』日本評論社．
3. ブルーノ・S・フライ（白石小百合訳）(2012)，『幸福度を測る経済学』NTT出版．

第 10 章

物価指数と実質値

この章で考えること

- 名目値と実質値にはどのような違いがあるのでしょうか
- 名目 GDP と実質 GDP とはなんなのでしょうか
- 物価を測るためにはどのようにすればよいのでしょうか

10.1 実質値と名目値

この節では，名目値と実質値について学びます．まずは簡単な例を考えます．ある子どもがおこづかいを 500 円もらっているとしましょう．この子どもの好物（たとえば，チョコレート）が，1 個 100 円で売られているとき，この子どもはおこづかいでチョコレートを 5 個買えます．この子どものおこづかいが 600 円になり，チョコレートが 1 個 150 円になったとします．おこづかいの金額だけを見ると，500 円から 600 円になったので，子どもにとってはより望ましい状態になった（ミクロ経済学で学んだ言葉を用いるならば，効用が上昇した）ように思えます．しかしながら，おこづかいで購入可能なチョコレートの量は 5 個から 4 個に減少しています．

私たちにとってお金が大事なのは，お金を支払うことで自分が欲しいと思う財・サービスを購入できるからです．この子どもにとっては，おこづかいの金額が上昇しても購入可能なチョコレートの数が減少してしまっては，効用は減少したと考えるほうが妥当なように思えます．500円や600円というような表面上の金額のことを経済学では**名目値（名目額）**と言います．これに対し，与えられた名目値で財・サービスをどの程度購入できるかということを考え，金額を評価し直したものを**実質値（実質額）**と言います．上の例では，購入可能なチョコレートは5個から4個へと減少しているので，名目値は上昇し，実質値は減少したと考えることができます（図10.1を見てください）．私たちが普段目にする「何円（何ドル，何ユーロ等）」というのは，名目値です．名目値ももちろん大事なのですが，「そのお金でどの程度の財・サービスが購入可能か」という実質値にも注目する必要があります．

もう1つ例を出して，確認することにしましょう．あるラーメン屋さんを考えます．このお店におけるラーメンは1杯600円であり，1日に平均300杯売れるとします．1日あたりの売り上げは平均で18万円になります．

物価や人々の給料が2倍になり，ラーメンも1杯1,200円になったとします．そして，1日あたりの販売量はこれまでと同様に平均で300杯だったとしましょう．1日あたりの売り上げは平均で36万円となります．ただし，物価が2倍になっているので，売り上げが2倍になっても，売り上げ36万円で購入できる財・サービスは変わらないでしょう．この場合，売上高の名目値は2倍になりましたが，実質値は変化していないと考えることができます．

物価や人々の給料，ラーメンの価格はこれまでと同様ですが，1日あたりの販売量はこれまでの2倍の600杯になった場合はどうでしょうか．1日あたりの売り上げが平均で36万円となるのは，上のケースと同じです．しかし，36万円で購入できる財・サービスの量は，2倍となるでしょう．この場合，名目値も実質値も2倍になったと考えます．

このように，売り上げ36万円で18万円の2倍になった場合でも，物価の変化がどうなっているのかで，意味が非常に大きく異なってくることがわかります．ここまででは，チョコレートやラーメンというような単純な例を取り上げましたが，実際の経済には，チョコレートだけ，ラーメンだけではなくて，多くの財・サービスが存在します．そして，それぞれの財・サービスは，値上がり幅が異なっているのが普通です．そこで，さまざまな財・サービスの価格の

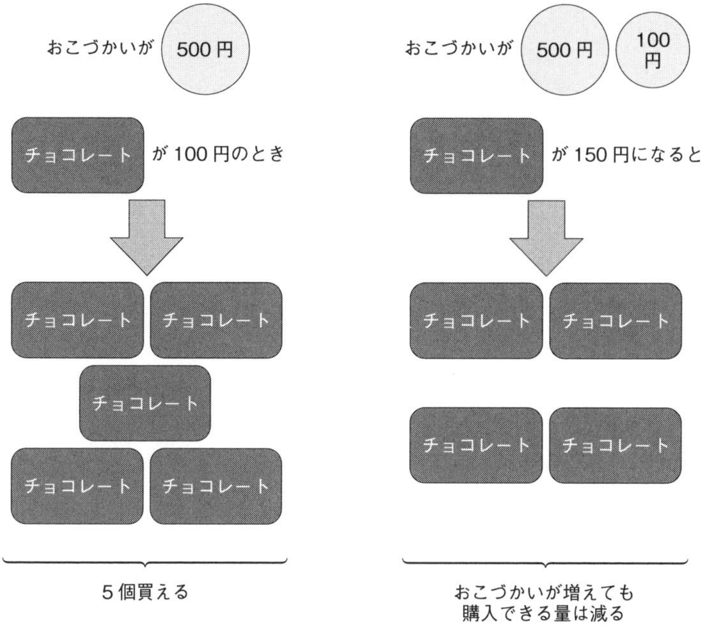

図 10.1　名目値と実質値のチョコレートを用いた簡単な例

変化を統合し，経済全体での「平均的な物価の変化」を表す方法を考える必要があります．

10.2　名目 GDP と実質 GDP

表 10.1 を見てください．ここでは，食料と衣料からなる経済を考えることにしましょう．実際の経済には多くの財・サービスがあるので，世の中を単純化しすぎではないかと思う人がいるかもしれません．確かにそうなのですが，財・サービスを 100 個にしても 1,000 個にしても考え方の本質的な部分は変わりませんので，ここでは単純な例で考えることにします（この章を学んだら財・サービスの数を 5 個とか 10 個にして自分で練習問題を作ってみてくださ

表 10.1 食料と衣料からなる経済の例

	生産量（2020 年）	1 トンあたりの価格（2020 年）	生産量（2024 年）	1 トンあたりの価格（2024 年）
食料	1トン	100	1.5トン	200
衣料	1トン	300	2トン	500

い．2つの財・サービスのケースを応用すれば，財・サービスの数が増加しても問題なく計算することができると思います）．表 10.1 の経済における国内総生産（GDP）を求めてみましょう．第9章で学んだように，GDP は最終的な財・サービスの生産総額でしたので，以下のように求めることができます．

2020 年の GDP　　$1\times100+1\times300=400$

2024 年の GDP　　$1.5\times200+2\times500=1300$

2020 年と 2024 年の GDP の値を見ると，GDP が 3 倍以上になっていることがわかります．このような方法で求めた GDP を**名目 GDP** と言います．しかしながら，生産量だけに注目すると，食料は 1.5 倍で衣料は 2 倍です．先ほどのチョコレートの例で見たように，本当に大事なのは，食料や衣料をどの程度消費できるかです（ここでは，生産されたものが消費されると考えることにしましょう）．「量」だけで見れば，1.5 倍と 2 倍なのに GDP は 3 倍以上になっています．なぜでしょうか．

GDP はさまざまな財・サービスの生産総額で表されます．すると，価格が上昇した場合，必然的に GDP も上昇することになります（表 10.1 では，食料の価格が 2 倍，衣料の価格が 1.67 倍になっています）．名目 GDP には，価格が変化しても変化しますし，生産量が変化しても変化することになります．

しかしながら，繰り返しになりますが，私たちにとって大切なことは，どれだけの財・サービスが消費できるかです．具体的に表 10.1 の例で見ると，「食料の消費量が 1 トンから 1.5 トンに増加した」，あるいは「衣料の消費量が 1 トンから 2 トンに増加した」といったことが大事なのです．名目 GDP が増加しても，消費できる食料や衣料の量が変わらなければ，豊かになったとは言えません．

ここで，**実質 GDP** という概念を導入することにしましょう．実質 GDP では，「基準年と価格が変わらなかったら」，今年の GDP はいくらになっていたかと考えます．具体的には，以下のようにして求めます．

① 価格はある年を基準として考える（基準として用いる年のことを基準年と言います）．
② 生産量は年ごとの値をそのまま使う．
③ ①，②の価格と生産量を前提として，GDP を計算する．

上の例で，2020 年の価格を基準として 2024 年の実質 GDP を求めてみましょう．この場合，「2020 年の食料の価格 × 2024 年の食料の生産量」と「2020 年の衣料の価格 × 2024 年の衣料の生産量」を足したものが 2024 年の実質 GDP ということになります．実際に計算してみると，2024 年の実質 GDP は，$100 \times 1.5+300 \times 2=750$ となります．名目 GDP は 1300 であったので，名目 GDP と実質 GDP には大きな乖離があることがわかります．

なぜ，GDP の計算において，財・サービスの価格に基準年を用いるのでしょうか．ある年を基準とするということは，「基準年と比べて価格が変化しない」ということを意味しています．GDP は価格と数量の両方の変化によって，動いていきますが，「価格が変化しない」と仮定することによって，価格の変化によって GDP が変化する部分を「排除」することができます．すなわち，実質 GDP は，「もし基準年と同じ価格だったら（価格が変化しなかったら），現在の生産量の価値はいくらかになるか」という視点で総生産額を計算したものだと考えることができます．上の例では，2020 年と同じ価格水準だったら，2024 年における財・サービス（ここでは，食料と衣料）の生産総額は 750 になったと解釈することができます．

この例では，あえて価格の変化を激しくしたのですが．そのような場合には，名目 GDP だけに注目してしまうと，企業が実際に生産した量や人々が実際に消費した量と名目 GDP との間には大きな乖離が生じるので注意が必要です．私たちにとって大事なのは，「どれだけ消費できるか」であることに注意すると，実質値により注目すべきであることがわかるでしょう．

10.3　GDPデフレーターと消費者物価指数

この節では**GDPデフレーター**と**消費者物価指数**について解説します．まずは，GDPデフレーターについて検討しましょう．GDPデフレーターは以下のように定義されます．

GDPデフレーター ＝(名目GDP)÷(実質GDP)×100

先ほどの例でGDPデフレーターを求めると，

名目GDP(1300)÷実質GDP(750)×100 ≒ 173

より，GDPデフレーターは173となります．GDPデフレーターはどのよう意味を持つのでしょうか．

実質GDPとは，「もし以前と同じ価格だったら，現在の生産量の価値はいくらかになるか」という視点からGDPを求めたものです．上の例では，2020年と同じ価格水準だったら，750の価値の財・サービスが，価格の変化のために，1300と1.73倍過大評価されたと解釈できます．したがって，物価が1.73倍になったと考えることもできるでしょう．すなわち，GDPデフレーターは物価がどの程度変化したのかを考える際の指標となります．実際には，GDPデフレーターは，1.73に100をかけて173と表されていますので，「基準年を100だと考えると，当該年においていくらになるか」というように解釈できます．

このことをもう一度確認しておきましょう．GDPデフレーターの定義より，以下の関係が成立します．

2024年の名目GDP
＝(2024年の名目GDP／2024年の実質GDP)× 2024年の実質GDP
＝(GDPデフレーター／100)× 2024年の実質GDP

すなわち，2024年の名目GDPは，(GDPデフレーター／100) と2024年の実質GDPの積として表すことができます．(GDPデフレーター／100) は，

（基準年と比較して）物価が何倍になったのかを表していると考えることができます．2024年の実質GDPとは（基準年と比較して）生産量がどのように変化しているのかを見ていると考えることができます．名目GDPは価格が変化しても生産量が変化しても影響を受けるのですが，上の式は価格によって変化した部分と数量（生産量）によって変化した部分に分解していると解釈することができるでしょう．

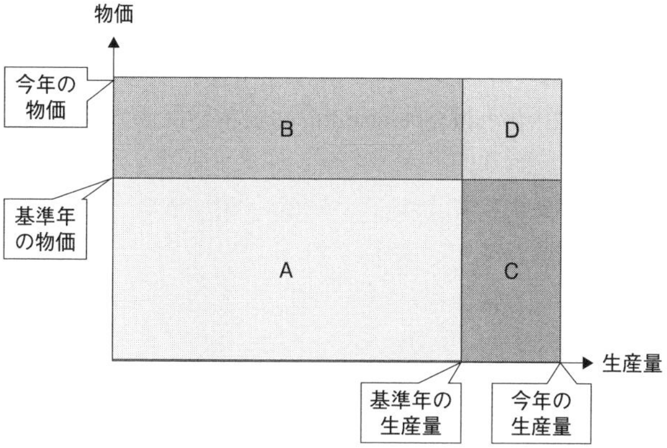

図 10.2　名目 GDP と実質 GDP の直感的なイメージ

図10.2では，名目GDPと実質GDPの直感的なイメージが描かれています．基準年の名目GDPは，「基準年の物価」×「基準年の生産量」で表されますので，図のAの部分に相当します．これに対して，今年の名目GDPは，「今年の物価」×「今年の生産量」で表されますので，図のA+B+C+Dに相当します．今年の実質GDPは，「基準年の物価」×「今年の生産量」で表されますので，図のA+Cになります．

今年の名目GDPは，基準年と比較して「物価の変化」と「生産量の変化」という2つの要因によって増加もしくは減少します（図10.2では物価の変化により上昇した部分がB+D，生産量の増加によって増加した部分がCであると解釈できます）．物価の上昇によってGDPが増加しても，人々が消費できる財・サービスの「量」は変わりません．したがって，物価の上昇によって

GDPが増加した分を差し引き，純粋に生産量の変化だけで評価したもの（図では，A+C）が実質GDPであると考えることができます．

つぎに，消費者物価指数について検討します．消費者物価指数とは，平均的な家計が購入する財・サービス（2020年度基準では，消費者が支出する支出のうち，582品目を選定しています）が平均的にどのように変化したのかを見たものです．消費者物価指数は，GDPデフレーターとともに物価の変化を見るときの重要な指標であるとされています．消費者物価指数は以下のようにして求めます．

① 数量（消費量，購入量）はある年を基準として考えます．
② 価格は年ごとの値をそのまま使います．
③ ①，②の価格と生産量を前提として，「生活費」を計算し，基準の年の「生活費」と比較します．

具体的には，

「ある年の仮想的な生活費」÷「基準年の生活費」× 100

のようにして，消費者物価指数を求めます．

再び表10.1で考えてみましょう．ただし，今度は，表10.1の生産量は生産量ではなくて，家計の消費量であると考えることにしましょう．2020年においては，食料を100，衣料を300買っていますので，合計で400購入しています．2024年においては，実際に購入しているのは1300です．しかしながら，消費者物価指数を求めるためには，「もし，2020年と同様に食料を1トン，衣料を1トン購入するとしたら，2024年にはいくらかかるか」を計算します．すると，食料は1 × 200で200，衣料は1 × 500＝500で500だけかかったことになります．これを合計すると，700となりますので，2020年の生活費400と比較すると，1.75倍となります（700 ÷ 400）．この場合，消費者物価指数は175（GDPデフレーターのときと同様に× 100をします）となります．

図10.2で考えると，「基準年の生活費」はAです．消費者物価指数を考えるときには，「購入量は基準年と変わらなかったら」と考えられますので，「今

年の仮想的な生活費」はA+Bです．したがって，消費者物価指数は(A+B)÷A×100であると解釈することができるでしょう．

消費者物価指数とGDPデフレーターは，経験的に大きく乖離しないことが知られています（通常は，消費者物価指数のほうがやや高くなる傾向があります）．世の中の財・サービスの価格は絶えず変化しています．また，財・サービスによってどの程度価格が上昇するのかはかなり異なっています．消費者物価指数やGDPデフレーターは，求め方こそ異なるものの，どちらもさまざまな価格の変化を1つの指標にまとめたものなのです．

最後に，基準年について若干の説明を加えることにしましょう．基準年を（たとえば，2015年とか2020年のように）ある特定の年に固定するやり方を**固定基準年方式**と言います．このやり方を用いると，一般的に基準年から離れるほど基準年と当該年度との相対的な価格差が拡大するという問題点があります．この問題を緩和するものとして，**連鎖方式**というものがあります．これは，基準年をその前年とします（すなわち，基準年は毎年変わります）．内閣府が出している日本の実質GDPでは，この連鎖方式がとられています．

10.4　インフレ率（物価上昇率）

インフレーション（インフレと言うこともあります）とは，物価が上昇し続けることを言います．これに対して，物価が下落し続けることは**デフレーション**（デフレ）と呼ばれます．

物価が前年度と比較して何パーセント上昇したのかを表したものがインフレ率です．通常，インフレ率は消費者物価指数，もしくはGDPデフレーターの上昇率で表します．なお，何パーセント上昇したのかは通常上昇率，増加率，成長率などと呼ばれます．物価であれば上昇率，人口だったら増加率，GDPだったら成長率と言います．

増加率（上昇率，成長率）は，どのように求めればいいのでしょうか．ある変数Aが1年後に$A+a$になったとしましょう．この変数は1年間でaだけ増加したことになります．このとき，増加率（上昇率，成長率）はa/Aで表します．すなわち，「増加量」÷「元の数」で表すのです．パーセント（%）で表示する場合には，$a/A\times100$(%）となります．以下の例を見てください．

例 1） 2023年の値が200で2024年の値が204だとしましょう．上昇率は，$(204-200)/200=0.02=2\%$ となります．

例 2） 2023年度の物価が100，2024年度の物価が103のとき，インフレ率は，$(103-100)/100=0.03=3\%$ となります．

10.5 名目経済成長率と実質経済成長率

この節では，**名目経済成長率（名目成長率）**と**実質経済成長率（実質成長率）**について説明します．名目経済成長率とは名目GDPの成長率，実質経済成長率とは実質GDPの成長率のことです．なお，「実質経済成長率 = 名目経済成長率 − インフレ率」という関係があります．なぜそうなるのかについては，以下で説明しますが，この証明は少し難しいので，興味のある読者だけでかまいません．どうしても理解できなければ10.6節に進んでください．数学が苦手な方はこの関係を覚えておきましょう．

「実質経済成長率 = 名目経済成長率 − インフレ率」が成立することを示すことにしましょう．まず，変数を以下のように定義します．

去年の名目GDP：X,
去年の実質GDP：Y,
今年の名目GDP：$X+x$,
今年の実質GDP：$Y+y$,
去年のGDPデフレーター：$P\times100$,
今年のGDPデフレーター：$(P+p)\times100$

すると，以下の関係が成立することがわかります．

名目経済成長率：$[(X+x)-X]/X=x/X$
実質経済成長率：$[(Y+y)-Y]/Y=y/Y$
インフレ率：$[(P+p)-P]/P=p/P$

名目 GDP と実質 GDP との関係は

$$\text{名目 GDP}=(\text{GDP デフレーター}/100)\times\text{実質 GDP} \qquad (10.1)$$

のように表されます．したがって，以下の関係が成立します。

去年の場合：$X=PY$ (10.2)
今年の場合：$X+x=(P+p)\times(Y+y)$ (10.3)

(10.2)式を分母に，(10.3)式を分子にすると，以下のようになります．

$$(X+x)/X=(P+p)(Y+y)/PY \qquad (10.4)$$

(10.4)式の両辺から 1 を引くとつぎのようになります．

$$x/X=(PY+Py+pY+py-PY)/PY \qquad (10.5)$$

(10.5)式の左辺は名目経済成長率です．右辺は以下のようになります．

$$\text{右辺}=[Py+pY+py]/PY=(y/Y)+(p/P)+(p/P)\cdot(y/Y)$$
$$=\text{実質経済成長率}+\text{インフレ率}+(p/P)\cdot(y/Y)$$

インフレ率を GDP デフレーターの成長率で表していることに注意してください．さらに，ここでは「インフレ率×実質経済成長率」は十分に小さいと仮定することにしましょう．たとえば，インフレ率が 2%（=0.02），実質経済成長率が1%（=0.01）のとき,「インフレ率×実質経済成長率」=0.02%（=0.0002）となります（これは十分に小さいと言ってもよさそうです）．したがって,「名目経済成長率≒実質経済成長率 + インフレ率」，同じことですが,「実質経済成長率≒名目経済成長率－インフレ率」となります．

10.6　物価の変化と豊かさ

物価の変化は家計の暮らしにも大きな影響を与えます．たとえば，1年間で所得が5% 増加した家計は，はたして豊かになったと言えるのでしょうか（この章の10.1節におけるチョコレートの例を思い出してください）．経済全体での物価が5% よりも上昇していたら，この家計が購入できる財・サービスの量は減少します．逆に物価の上昇率が5% 未満だったら，購入可能な財・サービスの量は増加するでしょう（理由を考えてみてください）．購買力を測定する場合，所得の名目値だけではなくて物価の変化も含めて考えなければならないことは，この章のこれまでの話からも容易に想像がつくでしょう．すなわち，実質所得に注目する必要があるのです．実質所得は「名目所得÷物価」(物価は消費者物価指数やGDPデフレーターと考えればよいでしょう）と定義されます．

労働者の場合，賃金が所得のほとんどを占めることが多いので，賃金に注目してもよいでしょう．この場合，賃金の名目値を名目賃金，実質値を実質賃金と言い，「実質賃金 = 名目賃金÷物価」と定義します．私たちが注目するべきなのは，「所得や賃金がどの程度増加したのか」よりも「所得や賃金で購入可能な財・サービスの量が増加したのか」です．これを考えるためには，実質所得や実質賃金が上昇したのか減少したのかを見なければなりません．表面的な所得や賃金（名目所得や名目賃金）を見るだけでは不十分なのです．

なお，「実質GDPの成長率（実質経済成長率)= 名目GDPの成長率（名目経済成長率)－インフレ率」という定義がありましたが，所得や賃金についても同様の定義があります．それは以下のように表されます．

実質所得の増加率 = 名目所得の増加率－インフレ率
実質賃金の上昇率 = 名目賃金の上昇率－インフレ率

上の式を用いれば，名目所得や名目賃金の増加率がインフレ率を上回っている場合には，実質所得や実質賃金が上昇している，すなわち豊かになっていると言えることが確認できるでしょう．

コラム 10：大卒初任給はどのように変わってきたか

この本を読んでいる読者の多くは大学生でしょう．大学を卒業し，企業に勤めた場合の初任給について調べてみると，1955 年においては，1 万円台前半となっています（男性 12,907 円，女性 11,489 円）．2022 年の新規学卒者（大卒）の賃金は 228,500 円です．1955 年の初任給を男女で単純平均して 12,000 円強と考えると，この間の 67 年間で約 19 倍になったことになります．ただし，この章で学んだように，これはあくまでも名目値ですので，購入できる財・サービスの量が 19 倍になったと考えるべきではありません．その間の物価の変化も考慮する必要があるからです．消費者物価指数（2020 年を 100 とした値，ただし帰属家賃を除いた値）を見ると，1955 年が 16.6，2022 年が 102.7 となっています．すなわち，約 6.2 倍，物価が上昇したことになります．2022 年以降は，物価の上昇が見られますが，1990 年以降の日本の物価は諸外国と比較して大きく変わっているわけではありません．そのため，物価の変化と言われてもあまりピンとこない人も多いかもしれませんが，少し時代をさかのぼってみると，物価は大きく上昇してきたのです．大卒の初任給が名目値で約 19 倍になったとしても物価が約 6.2 倍になったと仮定すると，実質値で見た大卒者の初任給はこの間の 67 年間で約 3.0 倍になったということになります．

ちなみに 1992 年の値を見てみると，大卒者の初任給は，183,500 円です．消費者物価指数は 94.2（2020 年の値を 100 とする）となっています．1992 年からの 30 年間で初任給の名目値は 24.5%，物価は 9.0%上昇したことがわかります．これは実質値で見ると，約 14%の上昇ということになります．30 年間で 14%ですので，年率での上昇率は 0.5%にも満たないことになります．

初任給だけを見た場合，このような変化になったわけですが，読者の皆さんはどのように感じましたか．ぜひ感じたことを周りの方と話し合ってほしいと思います．

注）1955 年の初任給については，文献ガイドの 3 を参考にしました．2015 年，2022 年の値については，厚生労働省「賃金構造基本統計調査」を参考にしています．消費者物価指数については，政府統計ポータルサイトを用いました．なお，世の中には大きな変化がありますので，単純な比較はできません．この値はあくまでも参考までにとどめていただければと思います．

練習問題

1. 日本の物価が第2次世界大戦後，どのように変化してきたのかを調べてみましょう．
2. 個々の財・サービスの価格の変化を調べ，価格の変化が激しいものとそうでないものに分けてみましょう．それぞれで特徴はあるのでしょうか．
3. アルバイトの時給が1,000円から990円に下がったとしましょう．物価が2% 下がっている場合，バイトの実質的な時給は上がったと言えるでしょうか．もし実質的な時給が上がったとしても名目値が下がった場合（この例では時給1,000円から990円に下がっています），心理的な面で人々の働くモチベーションに悪い影響を与えることはあるのでしょうか．周りの人と話し合ってみましょう．

文献ガイド

1. ジョセフ・E・スティグリッツ，カール・E・ウォルシュ（藪下史郎訳）(2014)，『スティグリッツ　マクロ経済学　第4版』東洋経済新報社．
2. 吉川洋（2017)，『マクロ経済学　第4版』岩波書店．
3. 森永卓郎（監修）(2008)，『物価の文化史事典―明治・大正・昭和・平成』展望社．

第 11 章
景気循環と経済成長

この章で考えること

- 景気とはなんなのでしょうか
- 短期的視点と長期的視点とはどのようなものなのでしょうか
- 経済成長とはなんなのでしょうか

11.1　戦後日本の経済成長

図 11.1 では，1955 年から 2022 年までの実質経済成長率の推移が描かれています．これを見ると，日本の戦後（第 2 次世界大戦後）には大きく分けて 3 つの局面が存在することがわかるでしょう．

第 1 の局面は，戦後復興からオイルショックが生じた 1973 年までの高度成長期です．この間の実質経済成長率の平均は 10% に迫るものでした．第 2 の局面は，1973 年からバブル経済の発生と崩壊までの 1991 年前後までと考えることができます．この間の実質経済成長率は，平均で約 4% です．そして第 3 の局面がバブル崩壊後から現在までです（バブル経済についてはコラムを参照してください）．この間の実質経済成長率は平均 1% を下回っています．

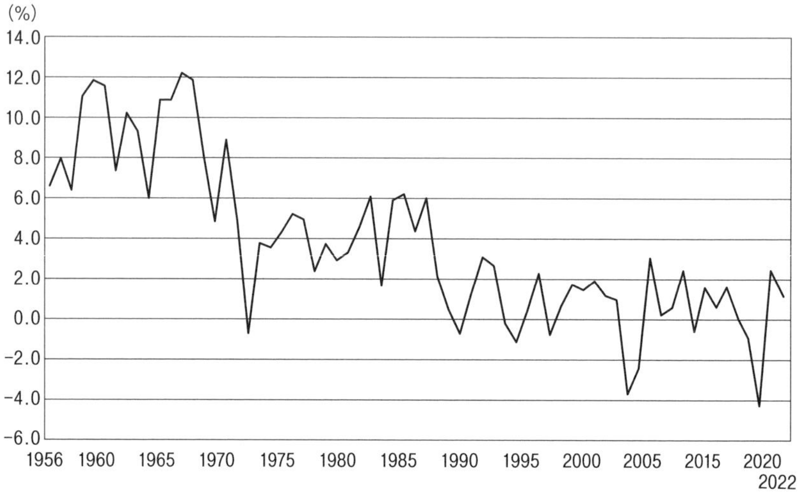

図 11.1　日本における実質経済成長率（1956 年から 2022 年）

出所：内閣府「国民経済計算」より作成（1956 年度～ 1980 年度は「平成 10 年度国民経済計算（平成 2 年基準・68SNA)」，1981 年度～ 1994 年度は「平成 21 年度国民経済計算（平成 12 年基準・93SNA)」，1995 年度以降は「2021 年度国民経済計算（2015 年基準・2008SNA)」による）.

11.2　景気循環とはなにか

図 11.2 は，**景気循環**を経ながら動いていく GDP のイメージが描かれています．この図の横軸は年度，縦軸は実質 GDP の値，実線は実質 GDP の動きです．この実線は，現実の経済の動きを反映させるため，ある程度変動しながら動くように書かれています．これは後に見るように景気循環の影響です．図 11.2 の点線は好景気による上振れ，不景気による下振れを取り除いた経済（GDP）の平均的な動きです．これを GDP のトレンドと呼ぶことにしましょう．GDP のトレンドは，「仮にその時点において経済の調子が良くも悪くもない普通の状態だったら GDP はどのくらいの水準だったのか」を各時点において求め，それをつないだものだと考えることができます．

また，これは，「各時点においては，経済の調子が良くも悪くもない場合には，どの程度経済全体で生産できるのか」という値が反映されていると考える

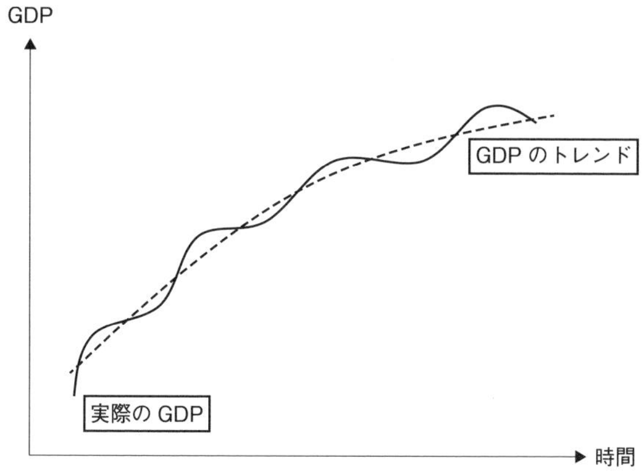

図 11.2　実質 GDP の変化のイメージ図

こともできるでしょう．したがって，この点線は，経済全体での生産能力（供給能力）が反映されているのです．また，以上の議論から，実線＞（＜）点線のときは，経済が通常よりも良い（悪い）状態であると言えるでしょう（理由を考えてみてください）．

私たちはよく「景気が良い」とか「景気が悪い」などということがあります．これをもう少し経済学的に考えてみましょう．図 11.3 は，図 11.2 の一部を拡大したものだと考えてください．図 11.3 には，A ～ F の点があります．A は**景気の山**と呼ばれます．いわば景気のピークでここから景気は後退期に入って

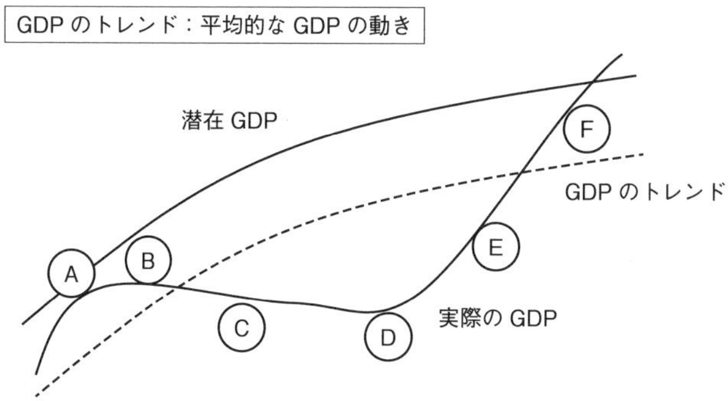

図 11.3　景気の見方のイメージ図

いきます．Bでは実線が点線を上回っていますので，経済の調子は良い（水準は高いと表現したりします）のですが，方向としては悪化しています．Cになると水準も低く（実線が点線を下回っています）景気もさらに悪化しています．しばらくいくと，Dで底を打って景気は上向いています．Dのような点を**景気の谷**と言います．Eは水準は低いものの景気は回復傾向にあるような点です．Fまでいくと，水準も高くなり景気も改善傾向が続きます．Fを過ぎると，再びAのような景気の山が来て，再びB，C，D，…のような点へと続いていきます．このような一連の流れが景気循環です．

表11.1 日本における景気循環

循環	谷	拡張期間	山	後退期間	谷
第1循環			1951年6月	4か月	1951年10月
第2循環（37か月）	1951年10月	27か月	1954年1月	10か月	1954年11月
第3循環（43か月）	1954年11月	31か月	1957年6月	12か月	1958年6月
第4循環（52か月）	1958年6月	42か月	1961年12月	10か月	1962年10月
第5循環（36か月）	1962年10月	24か月	1964年10月	12か月	1965年10月
第6循環（74か月）	1965年10月	57か月	1970年7月	17か月	1971年12月
第7循環（39か月）	1971年12月	23か月	1973年11月	16か月	1975年3月
第8循環（31か月）	1975年3月	22か月	1977年1月	9か月	1977年10月
第9循環（64か月）	1977年10月	28か月	1980年2月	36か月	1983年2月
第10循環（45か月）	1983年2月	28か月	1985年6月	17か月	1986年11月
第11循環（83か月）	1986年11月	51か月	1991年2月	32か月	1993年10月
第12循環（63か月）	1993年10月	43か月	1997年5月	20か月	1999年1月
第13循環（36か月）	1999年1月	22か月	2000年11月	14か月	2002年1月
第14循環（86か月）	2002年1月	73か月	2008年2月	13か月	2009年3月
第15循環（44か月）	2009年3月	37か月	2012年4月	7か月	2012年11月
第16循環（90か月）	2012年11月	71か月	2018年10月	19か月	2020年5月

出所：内閣府「景気基準日付」をもとに作成．

表11.1では，これまでの日本経済における景気の山と谷が描かれています．谷から山へ向かっていくときを**景気の拡張期**，山から谷へ落ちていくときを**景気の後退期**と呼びます．11.1節では，戦後の日本経済は，高度成長期，低成

長期，バブル崩壊後の3つの局面に分かれると述べました（図11.1を見てください）．表11.1を見ると，その3つの局面の中でも，かなりの景気の変動があったことがわかるでしょう．たとえば，バブル崩壊後（表11.1では，第11循環における景気の山の1991年2月以降に相当します）を見ると，経済成長率は以前と比較して大幅に低下したものの，景気の後退期が10年や20年にわたり続いていたわけではないのです．

景気循環をより視覚的に理解するために，**GDPギャップ**という考え方を紹介することにしましょう（図11.4を見てください）．GDPギャップとは，潜在GDPと実際のGDPとの差がどの程度あるかで考えます．定義としては，$\frac{\text{実際の GDP}-\text{潜在 GDP}}{\text{潜在 GDP}}$で表します．**潜在GDP**とは，「存在する生産要素（機械，労働，土地などのことです）と技術などを適切に利用した結果，どの程度生産可能なのか」ということによって計算された（仮想的な）GDP水準です．たとえば，100生産できるはずの経済（潜在GDPは100）が98しか生産でき

図11.4　GDPギャップの推移（2000年第1四半期から2023年1四半期まで）

注：影のついたところは景気後退期である．
出所：内閣府「月例経済報告」より作成．

なかった（実際の GDP は 98）場合，GDP ギャップは－2% となります．

図 11.4 を見てもわかるように，景気の拡張期には，GDP ギャップの値は上昇していくのに対し，景気の後退期には GDP ギャップは減少していくことがわかるでしょう．なお，景気の判断は「**景気動向指数**」という指数をもとに判断することが多いのですが，GDP ギャップで見ても大きな変わりはないので，ここでは GDP ギャップを用いて説明しました．

11.3　マクロ経済学の短期と長期

この節では，マクロ経済学の長期と短期について学びます．いま，経済全体で適切に生産することができれば，100 だけ生産できるとします（すなわち，GDP は 100 になります）．その一方で，経済全体での需要は 90 しかないとしましょう．このとき，需要 < 供給となっているので，価格の調整メカニズムによって，需要と供給のギャップが解消されることになるでしょう．すなわち，物価が下がることによって，需要が増加し，最終的には需要 = 供給 =100 となることが予想されます．

ある特定の財・サービスにおいて需要と供給にギャップがある場合，価格が調整されて均衡価格と均衡取引量に長期的に収束していくということは，すでにミクロ経済学の章で学びました．それをマクロ経済学では，経済全体での生産量の GDP と経済全体での物価指数で分析していると考えてください．厳密には，経済全体での GDP と物価でも，このようなことが生じるということは別途示す必要があるのですが，ここでは，ミクロ経済学のように考えてもよいということにしておきましょう．

しかしながら，経済全体で見れば，そのような物価の調整がすぐに生じることはないかもしれません．企業にとって，価格を変えるということはかなりの（お金だけではなく労力や時間も含めた）費用がかかる可能性があるからです．たとえば，スーパーが値札を張り替えたり，取引先と価格交渉したりすることにはかなりの手間をともないます．賃金は（特に日本ではいわゆる正規雇用の場合）それなりに安定的ですので，月ごとに大幅な変化があるわけではないでしょう．労働者に支払う賃金が生産費用を占める割合が高いため，賃金が変わらないと，価格を頻繁に変えることも難しいかもしれません．値上げを考える場合，980 円とか 98 円とかある特定の値を下回っていることで消費者にアピールしている場合，98 円のものを 102 円に値上げすることは困難かもしれません．また価格を上げる際には，当然ライバル企業の動向も考慮する必要があります．「自分が値上げをした結果，相手に顧客を奪われる」と心配して，値上げを躊躇するかもしれません．このように需給ギャップが即座に埋まるほどのスピードで物価の調整が生じないというのはそれなりに説得力があるように思えます．

ここで，需給の不一致が存在したとしてもそのギャップを埋めるように物価が変化しない期間があると想定し，それを「短期」と定義することにしましょう．これに対し，需給の不一致があった場合，物価が変化し，需給が調整されるのに十分な期間を「長期」と定義します．すなわち，需要と供給のギャップは，長い目で見れば物価によって調整されますが，短期的には物価の調整によって需給ギャップは埋まらずに残ると考えるのです．

先ほどの例で言えば，長期的には物価の調整によって，需要 = 供給 =100 となるのですが，短期的には物価が変化しません．企業は，人々がどの程度，財・サービスを購入したいのかを見極めて需要に応じて生産するため，90 までしか供給されないということになります（企業は，生産したものが売れずに残ることを心配して，生産を調整するためです）．いくら生産できる能力があったとしても，人々がなんらかの理由で財・サービスを購入しようとしない場合，企業も生産活動を抑制します．すなわち，短期的には物価はそんなに動かず，企業も作っても売れないものは作らないので，結局は「経済全体で財・サービスがどの程度需要されているのか」によって，生産活動がどの程度行われるのかが決まってくるのです．

これに対して，長期では物価の調整が生じると考えます．先ほどの例で言えば，供給能力 100 と需要 90 とのギャップは物価の調整によって，埋まると考えるのです．すなわち，先に述べたように長期的には，需要 = 供給 =100 となるでしょう．

以上をまとめることにしましょう．短期的には需要と供給にギャップがあったとしても，そのギャップは物価の調整で埋まらないため，需要が生産を決める，すなわち需要が相対的により重要であるということになります．その一方で，長期的には，需要と供給のギャップは物価の調整により埋まるので，供給能力が相対的により重要になることがわかります．

11.4 経済政策との関係：短期の経済政策

これまでに学んだことをふまえて，経済政策との関係についても考えてみることにしましょう．

まずは，短期の問題を考えます．いま経済の調子が悪いとしましょう．たとえば，図11.2や図11.3において，実線（実際のGDP）が点線（GDPのトレンド）を下回っているような状態を考えるのです．先ほどの例（供給能力が100あるのに対し，需要は90でした）もまさしくそのような状態です．このとき，短期的には，物価の調整によって需要と供給のギャップが埋まるというメカニズムが十分に機能しません．適切に資源を使用したら達成することができる生産量は100ですが，供給能力は十分に発揮されることなく，GDPは90になります．長期的には，生産が100に向かうとしても，「いまこの瞬間」は失業者が多く存在するような苦境であるかもしれません．職がない労働者が多いわけですから，貧困に陥っている人が多いかもしれません．また働いている人も，人が余っている状態ですから，賃金を含めた労働環境は悪化しているかもしれません．

ここで1つ疑問が浮かびます．長期的に需要と供給のギャップが埋まるとしても，それには具体的にどのくらいの時間がかかるのでしょうか．ここでの短期・長期の定義は，半年とか1年のような特定の期間ではなく，「物価が調整するのに十分な期間か否か」というかなり曖昧なものに思えます．人によって考え方も違うかもしれません．たとえば，ある人は，「下手をしたら一度生じたギャップは1年以上も埋まらない（「短期」といっても比較的長い）」と考えるのに対し，別の人は「1か月もすればそのギャップは埋まる（「短期」から「長期」への移行は早い）」と考えるかもしれません．唯一無二の正解があるかどうかは疑問なところです．

実は，この問題に対する見方として，大きく分けて２つの考え方があると言われています．１つ目は，「物価による調整はそんなに急速には生じない」と考えるというものです．この考え方にしたがえば，いったん需要＜供給になったものをほったらかしにしておくと，その状態は比較的長く続くことになります．したがって，このギャップを埋めるような景気対策を実行すべきであるという主張につながっていきます．

ここで，景気対策とはなんなのでしょうか．経済全体での需要というものは，財・サービスを購入する立場から考えればよいので，第９章における支出面から見たGDPに注目すればよいでしょう．支出面から見たGDPとは

$$\text{GDP} = \text{消費} + \text{投資} + \text{政府支出} + \text{純輸出} \tag{11.1}$$

となっていました．上の式の右辺を総需要と呼びます．経済の調子が悪い，すなわち，潜在GDPに対して，実際のGDPが低いというのは，需要（これまでは需要と言ってきましたが，厳密には総需要と言ったほうがよいでしょう）が達成可能なGDPである潜在GDPと比較して足りないときに生じます．そのため，政府がなんらかの政策を用いて総需要の構成要素の消費，投資，政府支出，純輸出のいずれかを刺激すればよいことになります．具体的には，つぎの３つの方法が考えられます．第１に，**減税**です．減税をすれば，人々は納める必要のある税金が減りますので，手取りの所得が増えます（手取りとは給料から税金や社会保障費を引かれた実際に使用可能な所得のことだと考えてください．これを**可処分所得**とも言います）．そのため，家計が消費を増やすことが期待できます．第２に，**公共事業**などを通じて政府支出を増やすことが考えられます．消費や政府支出が増加すれば，(11.1) 式の右辺の第１項や第３項が増加するので，（他の条件が一定であれば）GDPが増加するでしょう．このような政策は**財政政策**と呼ばれます．

第３に，**利子率**を下げる政策を採用することがあります．ただし，通常利子率を調整するのは，政府ではなくて中央銀行の役割です．利子率が下がれば，企業にとっては資金を借りやすくなりますので，資金を借りて投資を増やそうという動きが活発化します．投資が増加すれば，(11.1) 式の右辺の第２項が

増加しますので，GDP が増加するでしょう．このような政策を**金融政策**と呼びます．

通常**ケインジアン**と呼ばれるグループは，「需給ギャップの調整には時間がかかるため，政府の積極的な役割が重要である」という考え方を支持します．このような考え方には，1929 年の世界大恐慌において，積極的な政府の役割を求めた**ケインズ**の主張がおおもとにあります（財政政策については第 12 章，金融政策については第 13 章で再び検討します）．

これに対して，第 2 の考え方は，物価の調整速度は速いというものです．このような考え方をするグループを**古典派**と呼ぶことにしましょう．古典派の考え方にしたがえば，物価の調整が速く，GDP ギャップが急速に縮小することになります．この場合，政府がなにもしなくても，あまり時間がかからずに需要と供給の間にあるギャップは埋まるので，上に述べた財政政策・金融政策を積極的に用いることに対しては否定的になります（この章では，「短期というものが存在する」とか「物価は急には動かない」等と繰り返し述べてきたのに，最後になってそれをちゃぶ台返しのようにしてひっくり返すのは恐縮なのですが）．かなり大雑把に言えば，ケインジアンは「短期」を重視する（「短期」といってもそれなりに長いと考える）のに対し，古典派は「短期」は無視できるほど短いと考えていると言えるでしょう．

11.5　経済政策との関係：長期の経済政策

この節では，長期の経済における経済政策を考えていくことにしましょう．これまでの議論で，長期的には，経済は供給能力に依存して決まるということを学びました．先にあげた需要と供給の例を取り上げます．供給能力が 100 で需要が 90 の場合，長期的には供給能力が十分に発揮されるように物価が調整され，需要 = 供給 =100 になるのです．すなわち，長期的には，経済は供給能力に依存して決定します．ここで重要なことは，供給能力が増加しないと，長期的に見て，経済は 100 を超えることはないということです（一時的に無理すれば超えることはあるかもしれませんが，長続きはしないでしょう）．すなわち，100 である供給能力を 105，110，115 というように上昇させるような努力が必要であるということになります．

通常一国がどの程度生産可能であるかは，その国の**資本**，**労働**，**土地**などの生産要素と生産要素をいかに効率的に使用しているかを表す**生産性**に依存して決まります．

なお，資本，労働，土地は**生産の 3 要素**と呼ばれています．ここで，資本とは機械，工場や設備などのことです（つぎに説明する人的資本と区別するために**物的資本**と言うこともあります）．労働は「労働者の人数」×「平均労働時間」で表すことができるでしょう．労働者の技能・知識などを含め，労働を質で評価するときには**人的資本**ということもあります．土地は農業が経済においてかなり大きな割合を占めていた時代には重要な生産要素でしたが，経済の中心が農業から製造業に，製造業からサービス業に移行するにつれて，重要度が低下していきました．現在のマクロ経済学では，通常，資本・労働・生産性をもとにして生産活動を分析します．

生産量を増やすには，資本を増やすか，労働を増やすか，生産性を上昇させるかのいずれかが必要となります．ただし，労働は人口以上に増えませんし，1 日に働ける時間にも上限があります．資本も通常は企業が行う投資によって蓄積していきますが，資本が十分にあるところにさらなる投資をしても，追加的な効果は少ないかもしれません．すると，生産性をいかに上昇させるのかを考える必要がありそうです（この点について第 14 章で学びます）．

実は，他の先進国と比較した場合，日本の生産性は低いということが知られています（図 11.5 を見てください）．生産性を上げるためには，イノベーションやそれをもたらす労働者の能力の向上などが求められます．また，企業が生産をより効率的に行うことができるようにするための規制，法律，種々の制度の改正・改革なども必要でしょう．生産性を上昇させるため一連の改革は**構造改革**や**成長戦略**などと呼ばれることがあります．

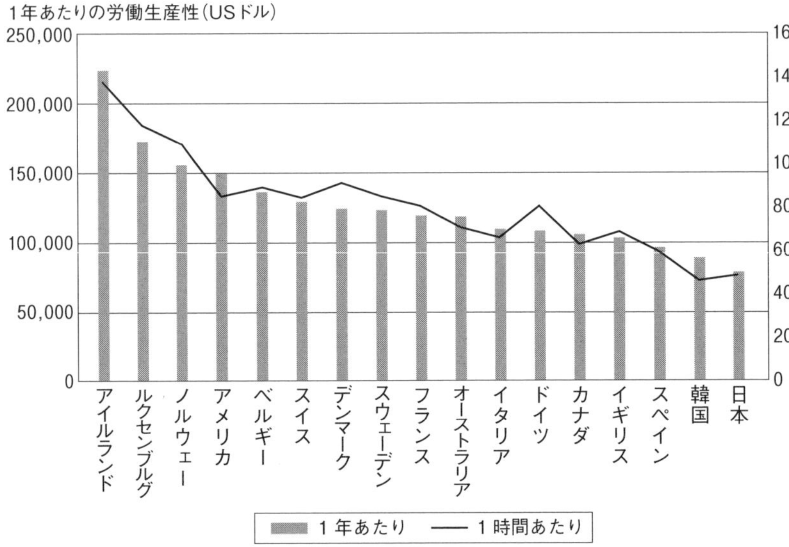

図 11.5　労働生産性の国際比較（2021 年）

出所：OECD.stat, Level of GDP per capita and productivity をもとに作成.

コラム 11：バブルの発生と崩壊

図 11.1 を見てもわかるように，1980 年代後半から 1990 年代はじめの日本経済は高い成長率を達成しました．表 11.1 における景気循環では，第 11 循環の拡張期にあたります．この間の経済はバブル経済などと呼ばれますが，なにが生じていたのでしょうか．

1980 年半ばには急激に円高が進んだ結果，日本経済に対して悪影響を及ぼすという円高不況が発生します．これに対応して，中央銀行は，利子率を下げることによって対応しました．1986 年 1 月時点で 5% だった公定歩合（当時の政策金利：政策金利とはさまざまな利子率の中で中央銀行が目安にする利子率のことです）は，1 年後の 1987 年 2 月には 2.5% まで下落しました．政府も公共事業を拡大する財政政策を行いました．その結果，円高不況は収束したものの新しい問題が出てきました．それがバブル経済の発生です．

利子率の下落は，家計や企業に住宅を購入したり，工場を作ったりするインセンティブを与えます．当時は不動産や株が右肩上がりに上昇すると予想されていました．そのため，「安いうちに買っておいて高くなったら売ろう」と思う人も多くいました．結果として，不動産や株に対する需要が増加し，価格も上昇することになります．

問題だったのは，このような動きが行き過ぎたことです．株や不動産は本来持つべき価格を離れて上昇していきました．人々が「不動産や株の価格はもっと上昇するだろう」という根拠なき予測を続けたからです．不動産価格や株価が上昇している期間においては，不動産や株の所有者の資産が増加するため，お金持ちになったと思った彼らの消費が，もしくは企業の投資が増加するかもしれません．すると，実際に総需要（= 消費 + 投資 + 政府支出 + 純輸出）も増加しますし，景気も良くなることになります．

しかしながら，このような資産価格の上昇やそれに基づいた経済成長が，長期間にわたって続くわけではありません．不動産や株が本来持つべき価格から著しく離れて上昇すると，その乖離を埋めるような力がいずれは働くからです．不動産価格や株価が下落し始めると，「貧乏になった」と感じた家計や企業は消費や投資を減らすため，総需要は減少することになります．根拠なき予想によって上昇した資産の価格は急速に下落し，経済成長率にも急ブレーキがかかっていくことになります．これがバブル崩壊です．1980 年代後半，バブル経済で盛り上がった日本経済でしたが，1991 年のバブル崩壊後，その後遺症に苦しむことになりました．

練習問題

1. (a)日本における景気循環の表を見ながら，過去の不況期，好況期にどのような出来事が生じていたのかを調べてみましょう．
   (b)(a)で調べたことが経済全体の動きにどのような影響を及ぼしていたのか

を論じましょう.

2. 過去の日本の不況期における景気対策について調べてみましょう．どのような政策が行われたのでしょうか．また，行われた政策は経済学的に考えて妥当だったのでしょうか.
3. 現在の日本経済における短期的な経済政策と長期的な経済政策について考えてみましょう．どのような政策が必要とされるでしょうか.

文献ガイド

1. 小峰隆夫・村田啓子（2016），『最新　日本経済入門　第 5 版』日本評論社.
2. エルナン・ヘルプマン（大住圭介ほか訳）（2009），『経済成長のミステリー』九州大学出版会.
3. 日本経済新聞社編（2008），『されど成長』日本経済新聞出版社.

第12章
政府の役割と財政政策

この章で考えること

- 政府はなぜ必要なのでしょうか
- 政府は世の中にどのような役割を果たしているのでしょうか
- 政府が世の中で役割を果たすとき，どのような政策がとられるでしょうか

12.1 国内総生産と政府支出

図12.1はバブル経済が崩壊したと言われている1994年以降の2015年基準で評価していた実質国内総生産（実質GDP）に占める政府最終消費の比率と公的総固定資本形成（公共投資）の比率を示したものです．ここでの政府最終消費とは政府が財・サービスの購入や公務員の給与などへの支出を表しており，公共投資は道路整備や港湾整備などの将来の経済活動のために政府が行う投資支出のことを示しています．この図からわかるように，国の政府支出は2つを合わせると，1994年以降20%以上を絶えず超えており，政府部門の経済活動が一国の経済活動に大きく影響を及ぼしていることがわかります．また，第2次世界大戦敗戦後の復興のために必要とされた基盤整備のための公共投資が1970年代のオイルショックを契機とする高度経済成長の終焉や1980年代の財

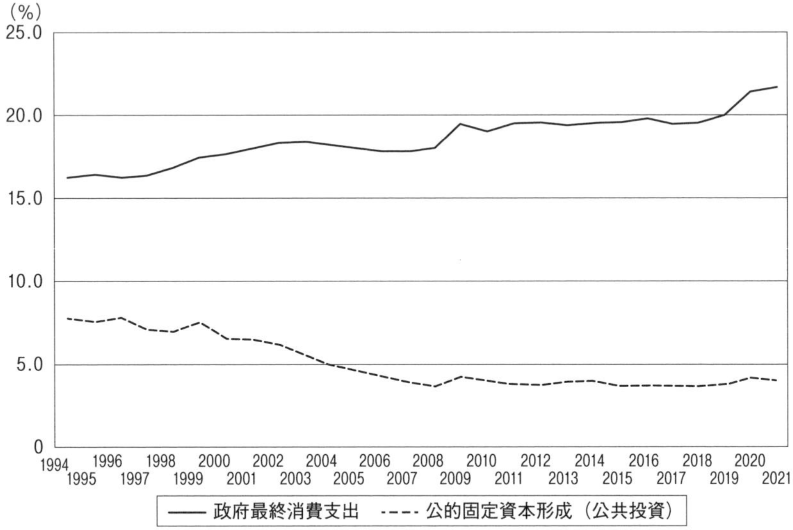

図 12.1　名目 GDP に占める政府支出の比率グラフ

出所：内閣府「2021 年度国民経済計算」より筆者作成.

政赤字と財政再建などの日本政府を取り巻く環境の変化とともに見直され，1990 年代のバブル経済以降の公共投資の名目 GDP に占める比率はさらに低下しています.

つぎに，図 12.2 は日本政府の 2023 年度（令和 5 年度）一般会計予算の歳入（国の収入）と歳出（国の支出）を示したものです．歳入の面から見ると，主に日本に住む人々たちからの納税による収入である「租税及び印紙収入」は歳入のうちの 60.8% にしか過ぎず，国の借金である「公債金」が収入のうちの 31.1% を占めており，日本政府は歳入を確保するためには「借金」に頼らざるをえないことがこの比率からわかります．他方，歳出の面を見てみると，社会保障関係にあてられる支出が 32.3%，地方自治体間の財政格差を改善するための地方への国からの補助金である「地方交付税交付金」等が 14.4% を占めています．少子・高齢社会における年金や介護などへの支出は今後も増大することが予想されるだけでなく，人口減少による地域間格差の改善が見込めないこともあり，これらの歳出が削減されることが今後も困難となることが推測され

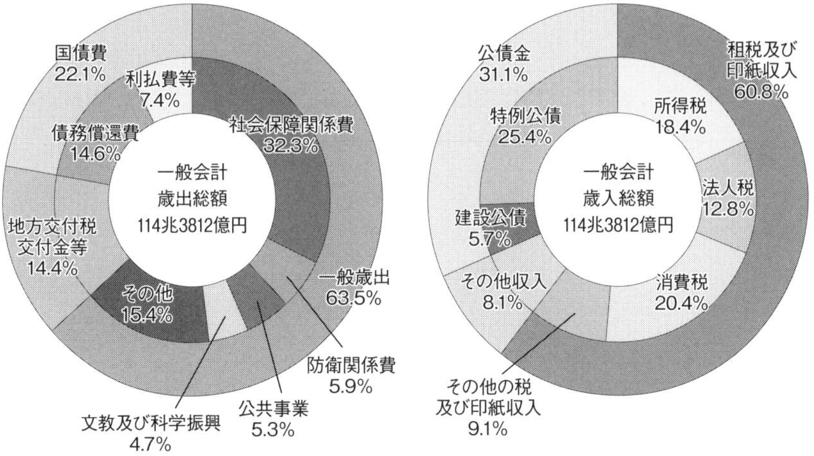

図 12.2　日本政府の一般会計予算の歳入と歳出（2023 年度）

出所：財務省「令和 5 年度予算政府案」より筆者作成.

ます．さらに，この図より，国の「借金の返済」にあてられる国債費への歳出は 22.1% も占めています．このことは歳出の約 1/5 が現在の日本のためにわれるお金でなく，過去の支出に対する返済であるため，その時々に柔軟に必要とされるところに政府が十分に支出できない状況を生み出しており，**財政の硬直性**を生み出しています．

12.2　政府の必要性

経済学の始祖の一人と言われているアダム・スミスは著書『国富論（諸国民の富）』において，人と人が出会い，取引する場所である市場では，「**見えざる手**」が働いていると説きました．見えざる手とは，消費者や企業が利己的に自らの目的を最大にしようと行動しても，市場メカニズムを通じて，社会的調和が達成されることです．市場に任せておけば，社会に必要な財・サービスは取引されるはずです．しかし，市場メカニズムに任せておくと，企業の利潤最大化を達成できないためなどの理由により，社会にとって必要な財・サービスが供給されないときや過不足が発生するときがあります．その例として，警察，消防，国防などがあり，アダム・スミスは市場に任せておくと供給されないが社会にとって必要な財・サービスのみを政府が供給するべきだと考え，そのような財・サービスを政府が供給するべきだと主張しました．

1929年の世界恐慌を契機に，当時，大量の失業者が発生し，市場メカニズムに任せておいても，労働市場が価格（賃金）の調整を通じて労働の需給一致が困難な現象が目立つようになりました．そこで，ジョン・メイナード・ケインズは労働供給側の消費者は賃金の変化に対して柔軟に自らの供給を変化させることは困難であり，第6章で学んだように，ある一定の賃金水準を下回ると失業が生じることに注目し，市場において，均衡価格（賃金）が低下することは難しい現象を捉えて**価格の下方硬直性**を主張しました．この考えを用いて，需要の裏付けのない供給は新たな需要を生み出さないため，政府が積極的に市場に介入することによって，政府は需要を創出するべきだとケインズは主張しました．

これらの考えをもとに，1960年，リチャード・マスグレイブは著書『財政理論』において，これらの政府の役割をまとめ，以下の3つの機能を政府は社会に果たすべきだとしました．(1)**資源配分機能**，(2)**所得再分配機能**，(3)**経済安定化機能**です．以下ではこれらの3つの政府の機能について述べていきます．

12.3　資源配分機能

市場において，財・サービスが必要なところに過不足なく供給されずもしくは需要されないとき，資源配分が社会にとって望ましい状態であると言えず，**市場の失敗**が生じていると考えられます．

このような市場の失敗が起こる原因はいろいろと考えられます．まず，道路や港湾整備などの公共施設や警察，消防，国防などの公共サービスの供給を民間企業に任せておくと，料金回収が困難ならば，利潤が得られず，供給されません．また，所得が少ないときには消費者の支出が困難なためにこのような

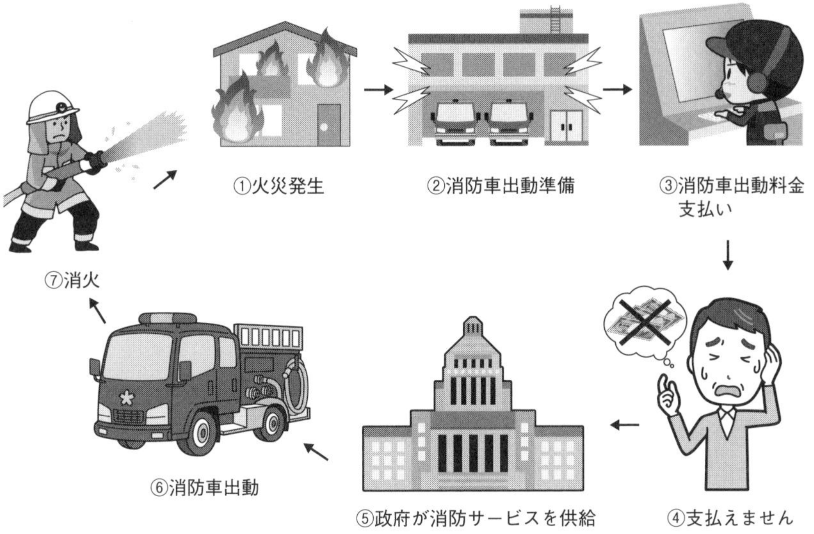

図 12.3　公共財の供給

財・サービスが需要されないこともありえます．

たとえば，図 12.3 のような消防サービスを考えてみましょう．火事が発生したとき，消火活動をしなければなりません．このとき，消火活動を民間企業が担っているならば，消火活動というサービスに対して対価を消費者は支払う必要があります．しかし，消費者がこの対価を支払えないとき，民間企業は消火サービスを供給せず，火災は火元だけでなく地域に火は拡大していき，大火災となります．このような火災を避けるためには政府が無料で公共サービスとしての消火サービスを供給しなければなりません．民間企業によって財・サービスが供給されないとき，社会は大きな混乱を起こすかもしれず，政府が民間企業に代わってこれらの財・サービスを供給します．それらを公共サービスも含んで**公共財**と呼び，以下の性質を満たしています．第 1 に，一人の個人が消費しても，それによって他の個人の消費が妨げられないという**消費における非競合性**です．第 2 に，一度供給すると，消費者は対価を支払うか否かにかかわらず，その財・サービスを消費することが可能となるという**消費における排除不可能性**です．さらに，一度供給されると，便益が特定の個人に帰属せず，同時に多数の個人に及ぶという**共同消費性**の性質も公共財は満たしているという厳密な考え方もあります．

ただし，これらの性質をすべての政府が供給する公共財で満たすことは難しく，公共財の中でも上のすべての性質を満たすものを**純粋公共財**，部分的に満たすものを**準公共財**と呼んでいます．たとえば，道路では交通渋滞が発生しているときもあり，消費における非競合性の条件を満たしていないので，道路は準公共財とみなされます．他方，街にある街灯は上記の条件をすべて満たしていると考えられるので，純粋公共財と考えられます．

ここで，注意しなければならないことは，このような公共財の供給は公共財が生み出す便益と費用の比較によって，便益が費用を上回るときに政府は公共財を供給することを留意しなければなりません．たとえば，道路が建設されるとき，利便性や交通安全性の向上などの便益が生み出されるとともに，建設費用だけでなく，道路開発により沿線住民が騒音被害を我慢しければならないという犠牲の意味での費用も発生しています．前者の便益が後者の費用よりも大きいときに道路建設の政策が実施されます．

つぎに，電力や鉄道などの生産面での固定費用が大きく，**規模の経済**が働く産業では，供給規模が大きくなるにつれて，供給1単位あたりの費用（**平均費用**）が低下し，**自然独占産業**となっていきます．また，第7章で学んだように，独占や寡占の市場では市場が競争的でないために，価格決定者が出現しやすくなります．このような市場では，一部の供給者による価格決定がなされる可能性が高いため，資源配分が世の中にとって望ましい状態で行われず，政府が価格や数量などを規制して，市場に介入します．

また，ある経済主体の行動が市場を通さずに他の経済主体に影響を及ぼす**外部効果**が発生するとき，他の経済主体に良い影響を及ぼす**外部経済**では政府はそのような行動を促し，悪い影響を及ぼす**外部不経済**が発生するときには政府は規制します．たとえば，教育は教育を受けた人だけでなく，教育を受けていた人が企業などにおいて技術開発などの他の人に良い影響を及ぼすため，教育サービスは外部経済を生み出しており，政府はそのような外部経済を生み出すサービスを供給します．それに対して，企業が生産活動によって工場の周辺住民に対して大気汚染の公害被害をもたらす外部不経済が発生しているときには政府はその企業の活動を規制します．

このようなケース以外において，食品の産地や製造日の偽装，医者と患者の間での診断技術や治療方法などの病気に関する情報など供給者と需要者が取引する財・サービスについての情報を互いに同じく共有していない**情報の非対称性**が生じているときがあります．このとき，政府は情報開示の義務化や国家資格の導入をすることによって，そのような情報の非対称性に対応しています．

12.4　所得再分配

資源が効率的に配分されていても，能力，努力，運などによって人には所得に差があることが世の中で観察されます．言い換えれば，労働を供給して得た賃金や投資により得た利息などの所得が分配された後，人々の間で所得格差が生じます．人と人の間での公平性の観点から，このような所得格差は社会にとっては望ましくないと考えられます．しかし，人々の努力の成果でもある所得を自らが切り捨てることは難しく，政府が所得格差を改善する役目を担い，政府による所得再分配政策を実施しなければなりません．

このような所得の不平等を改善する政策は人の生涯のどの時点で行うことが望ましいのでしょうか．第1に，所得の不平等が生じる前，つまり，所得を人が得る前，所得の不平等が生じない政策を実施することが考えられます．たとえば，公的教育による義務教育制度を通じて，子どもたちに知識・能力を身に付けさせ，職に就く前の能力差を小さくし，就職後の所得の差を小さくしようとするものです．このような政策の目的は**機会の平等**であり，教育などによって，人々の就業機会を平等化し，所得格差を小さくしようとするものです．

第2に，所得の不平等が生じた後，その所得格差を改善する政策を政府が行うことが考えられます．人々の所得を得る経済活動の結果，生じた所得の不平等を改善することを目的としており，**結果の平等**を目的としています．この結果の平等の観点からの所得再分配政策の代表的な政策として，税や補助金によるものがあげられます．人々の所得に格差があるとき，課税される所得水準に応じて比例的に税率を課税するのでなく，所得税率を段階的に高め，課税される所得水準が低い人たちには低い税率を課し（たとえば，2023年の日本の課税制度であれば，課税される所得が195万円未満の人たちに5%の税率を課し），所得水準が高い人たちには高い税率を課す（たとえば，2023年の日本では，課税される所得が4000万円以上の人たちに対して45%の税率を課す）ことによって，税引き後の消費や貯蓄に用いることができる可処分所得の差を小さくしようとする**所得税の累進課税制度**です．

この他にも，自らの取り組みによって得たものでない所得の不平等を改善することも必要です．たとえば，親世代から得た遺産には**相続税**が課せられ，他者から得た贈与には**贈与税**が課せられます．

また，所得の格差を小さくする方法として，低所得の人々に**補助金**を支給することもあります．それは高齢者に対する公的年金，低所得の育児世代に対する育児補助金や子どもの医療費無償などがあげられます．

これらの現金給付による所得の不平等の改善も考えられますが，公共サービスによる現物給付の政策も考えられます．たとえば，小学校入学前の未就学児に対して，親や家族が仕事に出るために「保育に欠ける状態」が生じたとき，保育所による保育サービスの供給もあります．同様に，子どもが仕事に出るために親の介護ができないときには介護施設におけるデイサービス（通所介護）などの公的な介護サービスもあります．

最後に，このような所得再分配政策を行うとき，本来の納税額よりも低い納税を行う人々がいるために得られるはずの税収が不足するため，補助金や公共サービスの財源調達に課題があります．政府支出に対して税収が不足するときには増税が考えられますが，所得格差が生じているときには増税による財源調達は勤労意欲の低下や納税額が小さい他の地域への移住の動機となりやすく，国債発行による財源調達が行われやすくなります．

12.5　経済の安定化

企業も消費者も合理的な行動をしていても，世の中全体で見てみると，不況になっているときがあります．第4章で学んだように，企業は利潤最大化行動をしていると，需要が少ないときには供給を減らし，売り上げが減少するために費用も削減しなければならず，費用の一部を占める賃金をカットしなければなりません．賃金をカットされた消費者は合理的な行動をすると，需要を減らします．需要が減ると，生産量も減ることが連鎖的に生じてしまうため，失業などが発生し，不況から回復することが困難になり，世の中の不況がさらに深刻化します．

このように企業も消費者も合理的な行動をした結果，世の中全体が悪い方向に向いてしまう状態を**合成の誤謬（ごびゅう）**と呼びます．新たな総需要を生み出すことや雇用創出などの政府の介入により，世の中を安定的に成長させる必要があります．

世の中が不況のとき，政府は財政政策の１つである公共支出を増加させることによって，世の中での需要を生み出そうとします．たとえば，図 12.4 のようなケースを考えてみます．政府は道路建設を新たに決定し，建設会社に道路

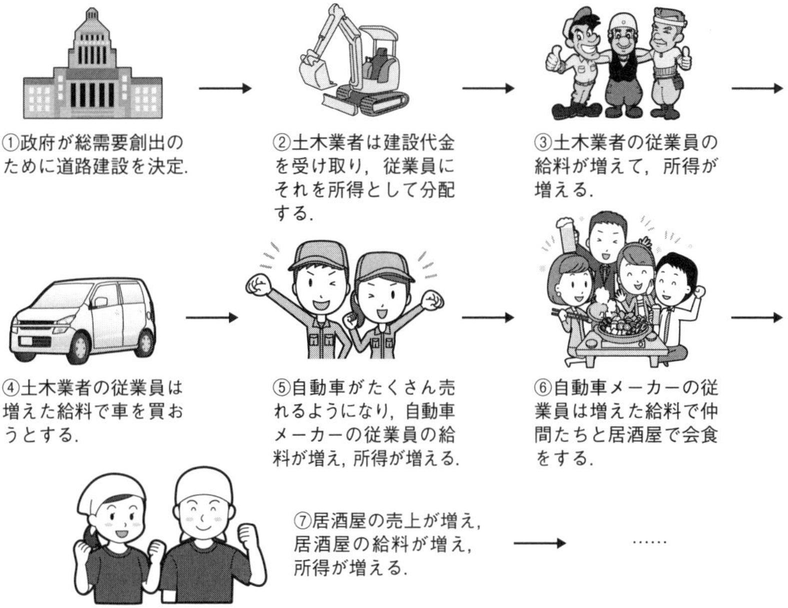

図 12.4 乗数効果

建設を発注します．建設会社は新たな道路建設の受注により，売り上げが増加し，建設会社で働く人々の所得が増加します．所得が増加した建設会社の人々は，自動車を買うとします．そうすると，自動車会社の売り上げも増加し，自動車会社で働く人々の所得も増加します．所得が増えた自動車会社で働く人々は会社の人たちで居酒屋に食事に行き，居酒屋の売り上げも増えます．このように，政府が道路建設という公共投資の需要を創出することで，政府と建設会社だけでなく，さまざまな場所に波及効果が生じて，経済が回復していくことが考えられます．このような効果を経済学では**乗数効果**と呼んでいます．

また，減税による需要創出効果も考えられます．減税することによって，消費者の可処分所得が増えるため，消費を増やし，生産量が増えます．

不況のときとは逆に好況のときには，過度な景気の過熱によって，急激な景気の後退を避けるために，公共支出を減らしたり，増税により，消費と生産の増加を抑制する政策もありえます．

このような財政政策以外に，経済安定化を目的にした政府がとりうる政策としては金融政策がありますが，金融政策については次章以降で述べることにします．

コラム12：日本の借金

政府が経済活動を行っていくときの財源は税収によってまかなわれると財政法第4条では規定されています．例外的に道路や港湾などの公共財の建設に公債（国債）が用いられることは財政法でも認められています（建設国債）．しかし，特例国債法によって，税収が歳出をまかなえないときも国債発行が例外的に認められています．これらの法律によって，日本政府の国債発行は図12.5にあるように膨張を続けています．その結果，国債の残高が2023年3月末時点で1068兆円になり，国民1人あたり約1000万円の借金を抱えています．このような政府の負債は将来世代にとっては増税を意味しており，将来世代に負担が転嫁されているとも考えられます．

しかし，1973年にロバート・バローは親は子どもや孫にも関心があり，親が将来の増税に備えて遺産を残すのであれば，国債発行は将来世代の負担でないということを理論的に示しました．読者のみなさんは国債発行は負担か否かをどのように考えますか．

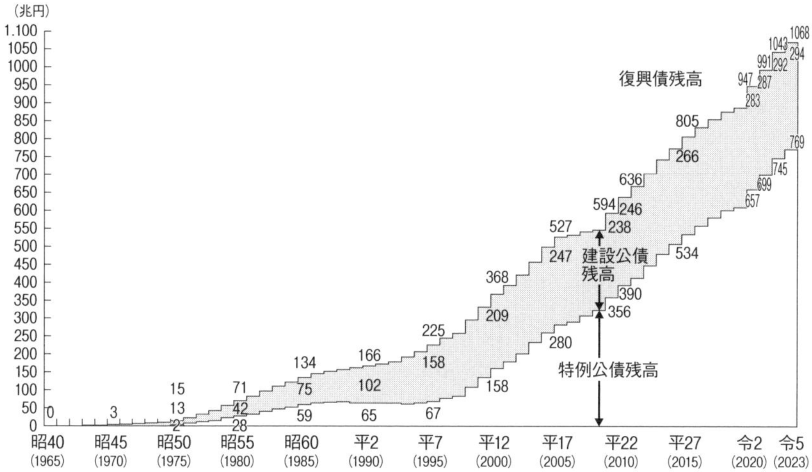

図 12.5　日本の公債残高

出所：財務省「日本の財政関係資料（令和５年４月）」.

練習問題

1. 政府の供給する財・サービス（公共財）の特徴を 12.3 節であげた例以外で確認してみましょう．
2. 人々の間に所得格差があるとき，その改善のためにはどのような政策があるでしょうか．その理由とともに考えてみましょう．
3. 企業も消費者も合理的な行動をしているときでも経済では不況になるときがあります．その不況になる理由を考えて，不況から回復するための政府の政策について考えてみましょう．

文献ガイド

1. アダム・スミス（山岡洋一訳）（2007），『国富論』日本経済新聞出版社.
2. ジョン・メイナード・ケインズ（間宮陽介訳）（2008），『雇用，利子および貨幣の一般理論』岩波文庫.
3. リチャード・マスグレイブ（大阪大学財政研究会訳）（1961），『財政理論』有斐閣.
4. 山重慎二（2016），『財政学』中央経済社.
5. 寺井公子・肥前洋一（2015），『私たちと公共経済』有斐閣.

第13章
貨幣と金融政策

この章で考えること

- 「お金（貨幣）」の世の中で果たす役割はなんでしょうか
- 銀行や企業がお金を融通するとき，世の中に出回っているお金の量はどのように変化していくのでしょうか
- 政府や銀行は世の中に出回っている貨幣量をどのようにコントロールするのでしょうか

13.1　貨幣の機能

私たちはお金（貨幣）を持って日々の生活を過ごしています．私たちが持っている貨幣にはどのような機能があるのでしょうか．

第1に，**交換手段**の機能です．私たちの生活では市場において財・サービスの交換を行うことによって，生活に必要なものを得ています．市場で売手（供給者）と買手（需要者）が出会い，交換するはずの財・サービスに対する互いの欲望が一致したときに，取引が成立します．たとえば，貨幣が存在しないとき，ある人は「くつ」を売り，「米」を欲し，取引交渉の相手の人は「くつ」でなく「洋服」を欲し，「米」を売ることをしようとしているとき，互いの欲望が一致せず，取引が不成立となってしまいます．このとき，貨幣があれば，

ある人が米を欲して，その見返りに米を売ろうとする人に貨幣を渡すときには，物々交換よりも欲望が一致しやすく，財・サービスの取引が容易になります．

第2に，**価値評価**の機能です．貨幣を用いて財・サービスを取引するとき，それらの財・サービスについて取引相手に対して，貨幣をどのくらい量で渡せばよいのか，もしくは，受け取ればよいのかを知る必要があります．そのために，取引する財・サービスの価値を知る必要があり，取引する当事者が互いに共通の価値基準がなければ，価値評価に違いが生じ，取引は成立しません．貨幣の通貨単位は財・サービスの評価として用いることができ，貨幣の通貨単位のもとでの市場価格が財・サービスの価値を表しています．

第3に，**価値貯蔵**の機能です．人々は将来の財・サービスの取引のためやなにかがあったときに対応できるよう，所得をすべて消費するのでなく，一部を貯蓄などの異なる形で残します．このとき，貯蓄として残す価値はさまざまな形態がありますが，時間が経つにつれて陳腐化するものはその機能を果たすことが難しく，貨幣を持っていることが価値を蓄えるための手段として望ましいとも考えることもできます．

交換手段

価値評価

価値貯蔵

図13.1　貨幣の機能

13.2　貨幣需要

人々はなぜ貨幣を持ちたい（貨幣を需要したい）と考えるのでしょうか．財・サービスの取引のためだけでなく，労働時間が増加して，賃金所得が増加したとき，賃金が貨幣によって支払われるのであれば，所得の増加とともに貨幣需要は増加します．

他方，貨幣でなく，他の資産で価値を蓄えようとする資産選択行動も人々は行っています．貨幣でなく，世の中にもう１つの資産として債券（たとえば，国債）を人々は保有することができ，貨幣と債券の２つの資産の選択行動をすると考えてみましょう．貨幣を保有しても利息は付きませんが，いつでも他の財・サービスとの交換ができるという長所があります．しかし，同額の債券を購入して，価値を貯蔵しようするとき，その債券を用いてすぐに他の財・サービスと交換することはできませんが，ある一定期間，債券を保有すると，満期時に元本だけでなく利息を得ることができます．金利が高いときには貨幣を持とうするのでなく，利息も得られる債券を保有すると人々は考えるでしょう．金利が低いときには貨幣を持っても債券を持っても長所は変わらないので，貨幣をより多く持とうとするでしょう．

図 13.2　貨幣か資産の選択

13.3 貨幣の定義

日本における貨幣はさまざまな分類に定義されます．財・サービスを取引する現金通貨として，日本銀行が発券する**日本銀行券**（紙幣）と日本政府が発行する**補助硬貨**があります．そして，将来に備えたお金として私たちは銀行などに預け入れをし，それは無利息の預金口座である当座預金や利息の付く普通預金の預金通貨があります．

世の中に出回っている貨幣の量を示す日本の統計データの分類では，現金通貨と預金通貨を合わせたものをM1としています．さらに，将来に備えたお金のうち一定期間は払い戻しが困難な定期性預金を準通貨と呼び，この準通貨と他人へ譲渡可能な定期性預金（CD）を加えたものをM3と分類して，これらを貨幣と定義しています．以上をまとめると図13.3のようにまとめられます．ただし，現実的にこれらの預金にも利息が付きますが，以下では，債券の金利と比べて非常に低い預金の金利を想定し，預金は貨幣に含まれると考えます．

これらの貨幣の発行については，金（銀）本位制度もしくは管理通貨制度の

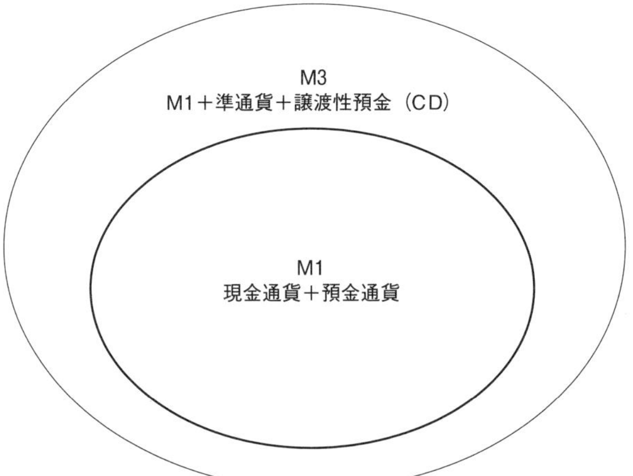

図13.3 貨幣の分類

もとで行われています．金本位制度では，発券銀行の銀行券は金の保有量に応じて発行され，金と自由に引き替えることができる兌換（だかん）紙幣でした．しかし，第1次世界大戦後，国際的に金の偏在が目立つようになると，金本位制度を維持することが難しくなり，1929年に起こった世界恐慌を契機に，各国で管理通貨制度が採用されるようになりました．この制度は，発券銀行である中央銀行の金保有量に依存することなく貨幣を発行する制度です．この管理通貨制度のもとで，金融政策当局は世の中に出回る貨幣量をコントロールすることができ，国や地域の経済の成長と安定をもたらすように通貨量を管理する制度となっています．

13.4　直接金融と間接金融

貨幣を用いて財・サービスを取引するだけでなく，資金を必要とする人に貨幣を融通することによって，人々は経済活動を行っています．世の中には，資金を必要とする需要者（資金の借手），そして，資金に余裕のある供給者（資金の貸手）が両者とも存在しています．この両者の間の資金の融通を**金融**と言い，それは**直接金融**と**間接金融**に分かれます．

直接金融は，債券や株式を直接取引することによって，貸手が借手に直接資金を融通する方式を言います．間接金融は，貸手と借手との間に銀行などの金融機関が介在し，貸手と借手の間の資金の流れを媒介することによって，両者の資金を融通しています．

資金が取引される場は金融市場と呼ばれ，直接金融はおもに証券市場で，間接金融は金融機関を介して行われており，日本では，直接金融よりむしろ間接金融が広く行われています．

13.5　中央銀行と銀行行動

国の金融の中心として，貨幣供給の役割を担い，金融政策を実施する銀行を

中央銀行と言います．日本における中央銀行は**日本銀行**であり，つぎのような機能を持っています．第1に，日本銀行法に基づき，唯一の**発券銀行**として，貨幣である日本銀行券を発行する発券銀行です．ただし，先に述べたように，現金通貨のうち補助硬貨は日本政府が発行しています．第2に，**銀行の銀行**として，民間銀行に資金を融通し，民間銀行の預金の一定割合を準備預金として預かっています．第3に，**政府の銀行**として，政府に代わって**国庫金**（国の保有する現金）の保管や出納を行い，国債の発行や償還なども行っています．

また，民間銀行は，一般の人々から受け入れた預金の一部を支払い準備として保有し，残りを融資として貸金の借手に対して資金融通をします．その融資による利息が民間銀行の収益となっています．

13.6　信用創造

民間銀行の行動の目的は一般企業と同じように利潤最大化です．利潤を得るために企業や住宅購入者へ銀行は資金の融資をしており，それらから銀行に支払われる利息が銀行にとっての収益となります．そのため，人々から預かった預金を預かったままにしておくのではなく，法律により，預金者の支払い請求に応えられるように預金のうちのある一定比率を支払い準備金として残し，残りを融資の原資として用いて，資金を必要とする借手に貸し出し，利息を得ようとします．

たとえば，企業に貸し出された融資のお金は一度預金口座に預け入れられ，支払いは小切手や銀行間の電子送金などで行われることが多いのです．小切手を受け取った企業や電子送金により預金口座に振り込まれたお金は，その受け取った企業の取引銀行の預金口座に入金されます．銀行は，その預金口座に入金されたお金をもとに支払い準備を除いた残りで貸し出しを行い，それが何回も繰り返されると，最終的に世の中全体としては，最初の預金額の何倍かの貸し出しを行うことができるようになります．このように1つの銀行への預金が融資と支払いを通じて他の銀行の行動も巻き込んで，当初の預金額を上回る貸し出しを世の中全体として行うことができることにより，預金通貨を創造することを**信用創造**と呼んでいます．信用創造の大きさは，支払い準備率の大きさによって決まるため，中央銀行による預金準備率の操作は，通貨の供給にとって重要な意味を持っていると考えられます．銀行は，信用創造に基づく貸し出しによって企業に資金を供給しており，企業に対して大きな影響を持っています．

図 13.4 をもとに，具体的な数字を用いて説明すると以下のようになります．最初に，ある女性が 100 万円を α《アルファ》銀行に預金として預け入れました．α 銀行は法律で決められた預金準備率 10% 分の 10 万円を預金準備金として残し，残り 90 万円を資金の借手である δ《デルタ》会社に融資します．δ 会社はその 90 万円を取引先の θ《シータ》会社の支払いにあて，θ 会社の預金口座がある ε《イプシロン》銀行に入金しました．ε 銀行は 90 万円のうち預金準備金 9 万円を除いた 81 万円を κ《カッパ》会社に融資し，κ 会社は ξ《ゼータ》会社に支払い，ξ 会社の預金口座のある η《エータ》銀行に 81 万円が入金されます．ここまでの α 銀行，δ 銀行，η 銀行の 3 銀行の間において，100 万円をもとに，90 万円 +81 万円の 171 万円の資金が会社と銀行の信用関係をもとに創造されています．そして，この信用創造は無限に続いていきます．

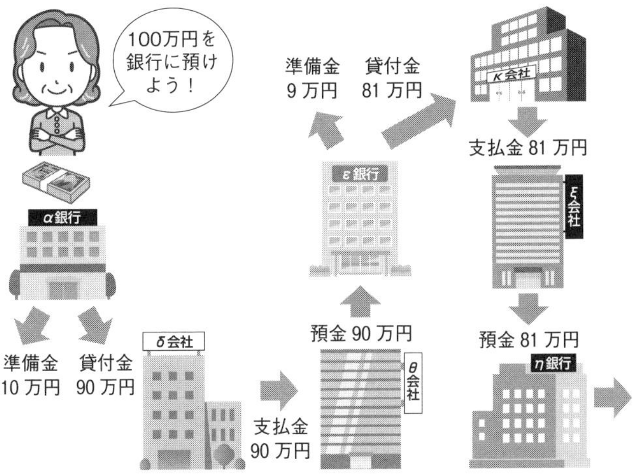

図 13.4　信用創造

13.7　金融政策

人々が合理的に行動しても，世の中全体では経済状況に良いときと悪いときがあり，安定的な経済状況が続いているわけではありません．このようなとき，人々は自らの目的を最大にするように合理的に行動しており，人々のセルフコントロールにより，経済を安定化させることは困難です．そのため，政府が財政政策や金融政策を用いて世の中に介入し，経済の安定化を図ろうとします．

日本における主な金融政策として，(1)**公定歩合操作**，(2)**預金準備率操作**，(3)**公開市場操作**があげられます．これらの金融政策を用いて，政府と中央銀行（日本銀行）は世の中に出回っている貨幣量を政府が調節することによって，市場での金利変化と信用創造を通じて，投資や生産に影響を及ぼす経済安定化政策を政府は実施しています．

12.7.1　公定歩合操作

日本銀行が世の中の民間銀行に資金を貸し出すときの利子率（金利）である公定歩合（2006年8月以降は公定歩合でなく基準割引率および基準貸付利率と呼びます）の引き上げ・引き下げによって，世の中の民間銀行が保有する貨幣量が調節され，世の中の利子率が変化し，信用創造を通じて，企業の資金需要が変化する過程を生み出す政策です．

たとえば，不況のとき，公定歩合を下げて，日本銀行から民間銀行はお金を借りやすくします．より多くのお金を借りた民間銀行はお金を保有するだけでなく，収益を得ることや日本銀行への利払いのために融資をしなければなりません．そこで，民間銀行はそのお金を企業に金利を下げて融資します．融資を受けやすくなった企業は投資を積極的に行うようになり，生産が増加します．人々の所得が増加して，消費も増えるため，国全体のGDPがさらに増大し，経済成長が促されます．逆に，日本銀行は景気が過熱ぎみのときには公定歩合を引き上げ，企業の投資を抑制して，生産を減少させて，急激な経済成長でなく，安定的な経済成長が達成できるように取り組んでいきます．

しかし，2008年12月9日に基準割引率および基準貸付利率が0.3%に引き

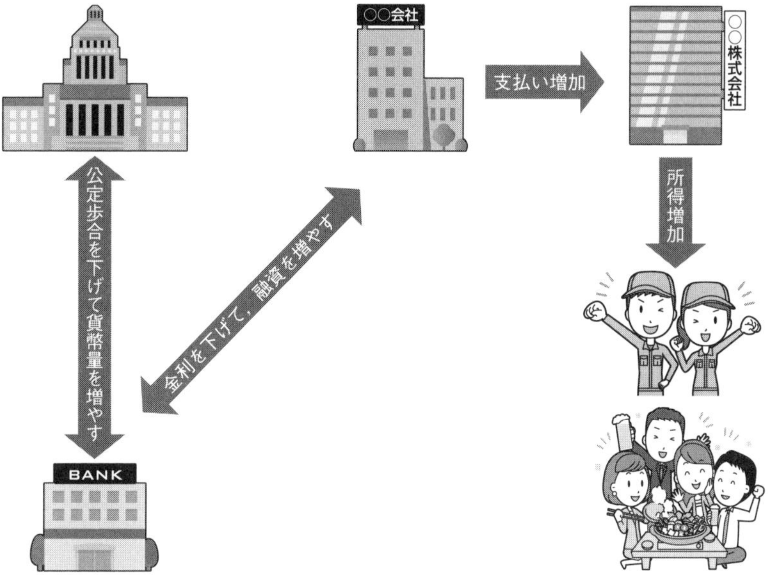

図 13.5 公定歩合操作

下げられて以降，2009 年の世界同時不況のリーマンショックや 2011 年の東日本大震災を経ても，2023 年 8 月までこの利子率は変更されていません．

12.7.2 預金準備率操作

日本において，世の中の金融機関が受け入れた預金のうち，一定割合の預金を日本銀行に預けなければなりません．その預入率，すなわち，預金準備率を適宜変更することによって，世の中の貨幣量を直接的にコントロールしようとする政策です．

不況のとき，預金準備率を引き下げて，民間銀行が保有する貨幣量を増やし，民間銀行が企業などに融資しやすくします．融資を受けやすくなった企業は投資をしやすくなり，生産が増え，国全体の GDP も増加し，安定的に経済成長を達成させようとする政策です．逆に，好況なとき，日本銀行は景気の過熱を防ぐために世の中の貨幣の出回りを抑制するために，預金準備率を引き上げることによって，民間銀行の貸し出し可能な資金量を規制します．そして，民間

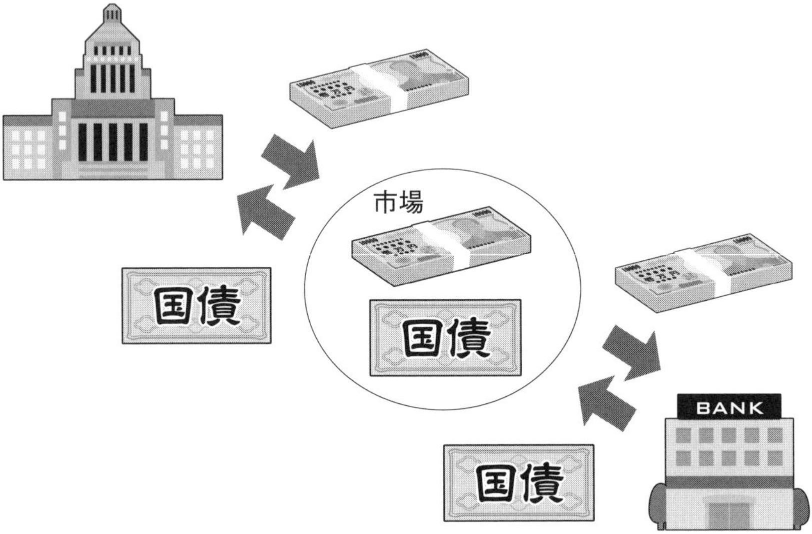

図 13.6　公開市場操作（買いオペのケース）

銀行は融資をしにくくなり，企業の投資が減少し，景気の過熱が抑えられます．

ただし，預金準備率が最後に変更されたのは 1991 年 10 月 16 日であり，それ以降は変更されていせん．このことから，預金準備率操作は現在の日本においては有効な金融政策でないと言えるかもしれません．

12.7.3　公開市場操作

日本では，金融市場で民間銀行に対して日本銀行が国債・手形の売買を行うことによって，世の中の貨幣量をコントロールします．その結果，民間銀行は企業の融資に対する姿勢が変化し，企業の投資を通じて，世の中の経済状況を変えようとする政策が公開市場操作です．

不況のとき，日本銀行は市場で国債などを購入して，貨幣を世の中により多く供給する**買いオペレーション（買いオペ）**を行います．世の中に出回っている貨幣量を増やすことにより，企業はより多くの投資を行い，信用創造を通じて，GDP を増やしていきます．他方，好況のときには**売りオペレーション（売りオペ）**を行い，世の中から貨幣を吸収し，企業の投資を抑えて，景気の過熱を抑えます．

近年の日本では，経済状況の変化も激しく，金融政策の即効性を求められるため，この公開市場操作が最も行われている金融政策だと言えます．

伝統的には，これらの政策を実施するときの目標は達成するべき市場で決まる金利を設定し，その目標を達成できるような政策がとられてきています．しかし，近年の日本では，この金利がゼロになったとしても政策が効果的でないときもあり，貨幣量を政策目標と設定されることもあります．

13.8　日本の金融を取り巻く環境

これまで述べてきた金融政策が社会に及ぼす効果はそのときの社会経済環境にも大きく依存しています．以下では，これらの政策効果を生み出す経済環境について述べていくことで，日本の金融政策について考えてみましょう．

第 2 次世界大戦後，戦争により荒廃した日本は安定的に産業が成長し（産業を保護し），安心・安全な市民生活ができるために，金融機関の破綻を避け，金利が低く，資金が安定的に供給される社会となることが必要でした．そのために，非効率な金融機関でも経営破綻しないように，他の優良な金融機関もそれに合わせるような規制政策を金融業界はとっており，それは艦船の編隊になぞって**護送船団行政**と呼ばれました．

しかし，経済成長とともに，先進国入りした日本では，人々の所得が増加するだけでなく，海外との取引も増加したことによって，海外から金融の自由化の波が押し寄せ，銀行間でも異なる金利で企業に貸し付けができる金利の自由化を契機に，1996 年から 2011 年ごろにかけて，**金融ビッグバン**と呼ばれる規制緩和が行われました．この金融ビッグバンによって，他業種の金融業への参入やさまざまな金融商品の開発なども行われるようになり，銀行などの金融業は競争に直面するようになってきました．その結果，公定歩合操作や預金準備率操作に応じて銀行が行動を変化をしていては，競争に生き残ることができない可能性が高く，これらの金融政策が有効的なものでなくなってきました．

13.9　外国為替と為替レート

ここまでは日本国内の金融について述べてきましたが，第1章で述べたように，財やサービスの取引は国内だけで行われるだけでなく，外国の企業などとも取引が行われます．外国と日本の間での取引での支払いは現金を用いずに決済する外国為替手形や送金為替の**外国為替**が用いられることが多いです．外国為替は，輸出入業者や銀行などで売買されますが，そのとき，最終的に外国為替は自国通貨もしくは相手先の外国通貨に換金されるため，自国通貨と外国通貨の交換比率が問題となります．この交換比率が為替レート（外国為替相場）と呼ばれるものです．たとえば，日本の企業とアメリカの企業での取引において外国為替が用いられるとき，1ドルが円の単位では何円に交換されるのかを円建て為替レートにより示されます．ドルや円の為替レートは外国為替市場において需要と供給の関係によって決定します（変動為替相場制）．

円建て為替レートが変化することは1ドルに対する円の価値が変化することを意味します．為替レートが1ドル＝200円のとき，1ドルを日本円に交換するために人々は100円硬貨2枚を必要としますが，1ドル＝100円のとき，1ドルのために人々は100円硬貨1枚で交換可能となります．1ドル＝200円から1ドル＝100円への変化は，日本円に対する需要が高いために（人々はドルに比べて円に対して高い価値を持っているために），より少ない日本円で1ドルに交換できることを意味しており，**円高ドル安**と呼ばれる状態です．逆に，1ドル＝100円から1ドル＝200円への変化は**円安ドル高**と呼ばれます．

その時々の貿易の状況や金利の変化などの経済状況が円建て為替レートに影響を及ぼします．たとえば，アメリカに対して日本が輸出超過にある対米貿易黒字の状態にあるとき，アメリカ企業から日本企業への支払いが多くなります．アメリカ企業はドルで支払いますが，日本ではドルが使えないために日本企業はドルを円に交換するため，外国為替市場ではドル売り円買いが生じ，円への需要が増え，市場メカニズムを通じて円高ドル安が生じます．日本が対米貿易赤字にあるときは円安ドル高が生じます．また，アメリカと比べて，日本の金利が高いとき，日本国内だけでなく，より多くの利息を得たいアメリカに住む人々も円預金をしたくなり，ドル売り円買いを行い，円高ドル安が生じます．

円高ドル安の経済状況にあるとき，日本ではアメリカからの輸入品は安く購入できますが，アメリカでは日本からの輸出品価格は高くなるため，輸出が抑制されます．たとえば，5,000ドルのアメリカ車を日本で購入するならば，1ドル＝200円のときは100万円ですが，1ドル＝100円のときは50万円となります．しかし，100万円の日本車をアメリカで購入するならば，1ドル＝200円のときは5,000ドルですが，1ドル＝100円のときは10,000ドルとなります．このような状況が続くと，輸出に依存する日本企業には減収が生じます．この減収に対して，日本企業は外国での現地生産を行うなどの対応をすることによって利潤を維持しようとすることが多く，このような企業が増加すると，日本経済においては「産業の空洞化」が生じやすくなります．

コラム 13：電子マネーと貨幣

私たちの生活では，SUICA，ICOCA，TOICAなどの鉄道系の電子マネー，WAON，nanacoなどのスーパー系の電子マネーをICカードやスマートフォンを通じて利用しています．これらの電子マネーの多くは事前にカードにお金をチャージして，お店と私たちの間での電子的なデータのやり取りによって，現金と同じように，プリペイド方式により財・サービスの対価を支払っています．

ある電子マネー発行会社α《アルファ》に利用者である消費者β《ベータ》は現金を渡して，電子マネー発行会社αは電子マネーの発行をします．消費者βはその電子マネーを用いてスーパーγ《ガンマ》で財・サービスを購入します．スーパーγは電子マネー発行会社αにその対価の現金支払いを請求し，電子マネー発行会社αはスーパーγに現金を支払います．

しかし，この三者の間にもし信頼（信用）関係がないならば，この取引は成立しません．電子マネー発行会社αが消費者βの購入についてスーパーγに現金を支払うことが前提になっています．消費者βは電子マネー発行会社αを信用して，現金をチャージし，スーパーγは電子マネー発行会社αが現金を支払ってくれると信用して，現金でなくカードやスマートフォンを消費者βが機械にかざすだけで財・サービスをスーパーγは消費者

β に渡しています．これまでにも金融における信用創造について述べてきましたが，電子マネー取引においても「信用」が不可欠です．

練習問題

1. 信用創造の考え方を用いて，1990 年代に日本で発生したバブル経済の原因について考えてみましょう．
2. この章では貨幣供給を操作する 3 つの金融政策をあげました．21 世紀の日本で有効的な金融政策と考えられるものをあげ，その理由について考えてみましょう．

文献ガイド

1. 岩村充（2010），『進化論―「成長なき時代」の通貨システム』新潮社．
2. 鹿野嘉昭（2013），『日本の金融制度（第 3 版）』東洋経済新報社．
3. 白川方明（2008），『現代の金融政策―理論と実際』日本経済新聞出版社．
4. 内田浩史（2016），『金融』有斐閣．
5. 家森信善（2016），『金融論』中央経済社．

第 14 章

経済の成長と経済政策

この章で考えること

- 世の中（経済）を成長させる要素はなんでしょうか
- 経済成長を加速させるエンジンはなんでしょうか
- 経済を安定的に成長させるための経済政策は世の中にどのような影響があるのでしょうか

14.1　経済成長率と日本の経済成長

第 1 章で述べてきたように，経済はいろいろな要因が相互作用して動いています．特に，世の中を長期的な観点から分析するときには経済成長率の変化を見ることによって，経済の分析を行っていることが多いです．ここでは，経済成長のメカニズムと経済成長に影響を及ぼす政策について考えていきます．

経済がどのように変化しているかを示す数値として，**経済成長率**があります．ここでは，経済状況を表す指標として国内総生産（GDP）を用いて，GDP の成長率を経済成長率とします．この章での経済成長率を以下のとおり定義します．

$$\text{経済成長率} = \frac{\text{今年の GDP} - \text{去年の GDP}}{\text{去年の GDP}}$$

上で述べた経済成長率の定義に基づき，1955年から2022年にかけての日本の実質GDPの成長率（経済成長率）は図11.1のように示されます．この図から以下の特徴が明らかです．1950年代から1960年代の高度経済成長期には高い経済成長率を遂げ，1973年のオイルショック以降は低成長の時代となっています．その後，1980年代半ばの円高不況により経済成長率が低下し，この不況回復策によって，1990年前後の土地や株のファンダメンタルズ（経済の基礎的条件）とは離れた価格上昇からくる好況期であるバブル経済が発生しました．バブル経済崩壊以降，「失われた10年」と呼ばれた不況期に入った後，2002年から2007年にかけては「実感なき好況」と言われた戦後最大（最長）の好景気を迎えました．そして，サブプライムショック後の世界的経済混迷とリーマンショックによる世界恐慌の影響を受け，2008年と2009年は経済成長率がマイナス成長となり，消費税が8%となった2014年度，2019年度末の新型コロナ感染拡大により，いずれの年度もマイナス成長となっています．

これらから，現実の世の中では絶えず成長するのでなく，マイナスの成長率を達成するときもあり，このようなプラスとマイナス成長率が人々にとっては好況・不況の経済循環として実感されることがわかります．

14.2　経済成長と生産要素

この章では経済成長率をGDPで評価していますが，付加価値の合計であるGDPは生産により生み出されます．これまでに述べてきたように，生産のための要素は土地，設備や機械などの**物的資本**，知識・技術などの人的資本を含む**労働**とされ，これらの組み合わせによって財・サービスが生み出され，経済成長に影響を及ぼしています．

これらの生産要素のうち物的資本と労働の増加は生産を増加させるため，生産性の変化を通じて，経済成長に貢献する要素だと言えます．以下では，これらの生産要素がどのように経済成長に貢献するのかということについて述べていきます．

土地は生産の場所として不可欠であり，生産のために不可欠な生産要素です．

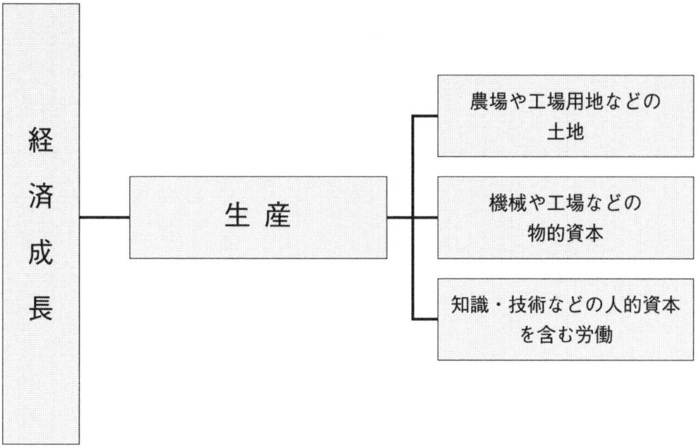

図 14.1　経済成長と生産要素

しかし，資源の中でも土地は有限であるため，生産量の増大を通じた経済成長への貢献は小さいものと考えられ，物的資本に組み込まれて生産要素とされるときもあります．そのときには，資本と労働をともに 2 倍すれば，生産量も 2 倍になるという比例関係が生産量と生産要素の間にある生産技術があると考えます（**規模に関して収穫一定**）．

14.3　投資と資本蓄積

上でも述べたように，企業は将来の生産能力増大のために投資を行い，ある期間が過ぎた後にそれは資本となります．たとえば，ある企業は金融機関から融資を受けて，その融資をもとに工場建設などの投資を行います．建設期間終了後には工場は資本となり，その工場は稼働するようになると生産量の増大を企業にもたらします．したがって，生産量が継続的に増大し，経済が成長していくためには資本の増加（**資本蓄積**）が不可欠です．

しかし，人の能力はそれぞれ異なるため，資本が増えたとき，それを扱う人の能力が低ければ生産量は低下します．資本を扱う人の技量によって，資本を

2倍に増加させれば，生産量も2倍になるとは限りません．企業が創業したころはそこで働く人も技量のある人が多いのですが，規模が大きくなるにつれて，創業時の技量のある人ばかりでなくなり，さまざまな人を雇い入れなければなりません．したがって，図14.2に示されるように，追加的な資本1単位から生み出される生産量の変化の大きさは減少し，1人あたりの資本で評価した1人あたり生産量は資本が増えるにつれて減少していきます（**1人あたり資本の限界生産力逓減**）．

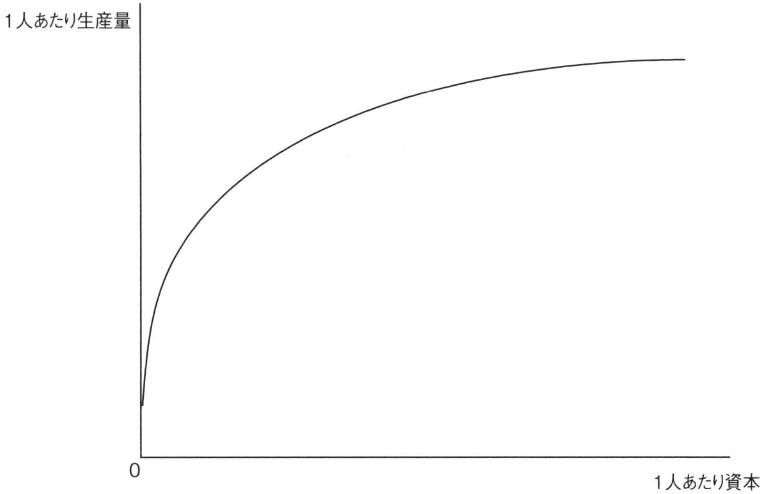

図14.2　1人あたり資本の限界生産力逓減

1人あたりの生産が減少していくことは投資による収益も減少していくことになります．言い換えれば，1単位の追加的な投資による収益（投資の限界効率）は徐々に減少していきます．資本を扱う人の技量にも資本の生み出す生産性は依存していますので，資本蓄積するだけでは経済成長を遂げることは困難です．

たとえば，あるラーメン屋さんは創業者が本店でラーメンを供給し，売り上げ好調のために，店舗建設の投資を行って，支店を増やしていきます．そうすると，支店を任された弟子たちは本店の創業者と味覚が同一ではありませんので，本店と同じ味のラーメンを支店でも提供をすることが困難になり，本店と同じような客入りが望めず，支店の増加と同じ比率で収益も増加しなくなります．このような事象がさまざまな場所で起こり，国全体・地域全体でも資本の増加だけでは成長しなくなります．

また，融資を受けた企業は銀行から提示される利子率も考慮して，投資を行うか否かを企業は決定しなければなりません．言い換えれば，投資によって得られる収益が投資のための融資の利払いよりも大きければ，投資は実行されますが，そうでないときには投資は実行されません．投資が生み出す収益率よりも利子率が大きいときには投資が実行されないために経済成長が低下していくこともあります．

最後に，経済が停滞しているとき，政府は日本銀行を通じて，投資を増やすことによって，経済成長を促す政策をとります．公開市場操作などによって，世の中の貨幣量を調整して，金利を下げるように誘導することを目的にして金融政策を実施します．また，経済成長の停滞の原因が生産量の減少にあるとき，政府は公共支出の増加や減税によって，需要を創出し，生産量を増やそうとする政策もとられます．

14.4　労働と人口成長

人が働く労働は単に働くだけの単純労働だけでなく，単純労働に自らに身に付いている知識や能力を活かして働く労働があると考えられます．前者の労働は機械を使用しない農業や漁業などの自らの体力で働くような労働者の「数」が重視される労働を指します．後者の労働では，学校で教育を受けることによって人の知識量や能力が向上し，1人あたりの生産量が上昇する労働者の「質」も重視される労働です．

たとえば，学校で文字を学ぶことによって，職場でのマニュアルが読めるだけでなく，他者と文書を通じたコミュニケーションも可能になり，「もの」を作る際の失敗を減らすことができ，1人あたりの生産量は高まります．このような意味で人に身に付いている知識・能力が生産性に貢献しているといえるため，資本の 1 つだと考えられ，**人的資本**と呼ばれています．

ただし，注意しなければならないことは，投資によって生み出される資本とは異なり，ある国の労働はある国の人口に依存するということです．人的資本を用いた労働であっても，単純労働と同じく身体を動かす「人」がいなければ労働供給はできません．ある時点の労働供給にはそのときの人口の大きさが依存しています．したがって，経済成長を考えるときには人口成長も考慮しなければなりません．

図 14.3 に示されるように，人口構造が少子・高齢化となっている日本では，このまま人口減少が進んでいくと国立社会保障・人口問題研究所『日本の将来

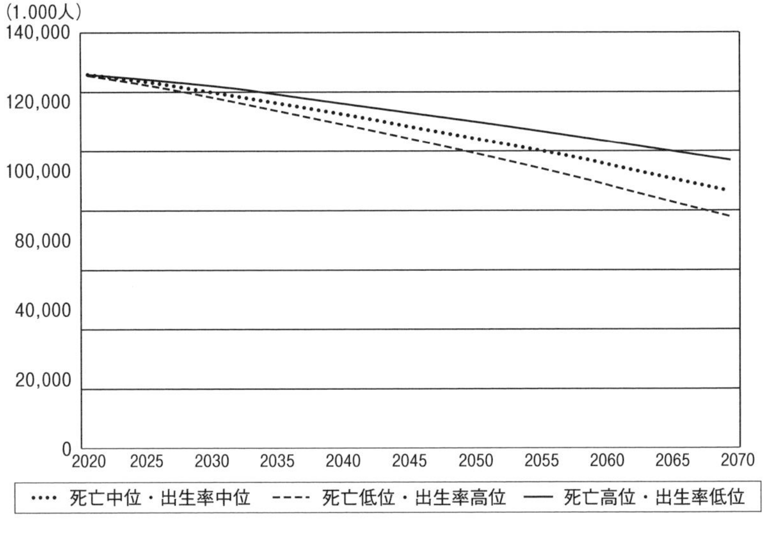

図 14.3　日本の人口推計

注：出生率中位は合計特殊出生率（1 人の女性が生涯に出産する平均的な子どもの数）が，2020 年実績値 1.33 から，2023 年 1.23 に低下し，その後，2070 年に 1.36 へと推移するケースであり，出生率高位は合計特殊出生率が 2020 年の実績値 1.33 から，2023 年 1.37 を経て，2070 年には 1.64 へと推移するケース，出生率低位は合計特殊出生率が 2020 年の実績値 1.33 から 2023 年の 1.09 まで低下し，2070 年に 1.13 へ推移するケースである．また，死亡中位は，標準的な将来生命表に基づき，2020 年に男性 81.58 歳，女性 87.72 歳であった平均寿命が，2045 年に男性 84.03 歳，女性 90.08 歳となり，2070 年には男性 85.89 歳，女性 91.94 歳となるケース，死亡高位は，平均寿命が 2045 年に男性 82.98 歳，女性 89.02 歳となり，2070 年には男性 84.56 歳，女性 90.59 歳となるケースであり，死亡低位は，平均寿命が 2045 年に男性 85.06 歳，女性 91.13 歳となり，2070 年には男性 87.22 歳，女性 93.27 歳となるケースである．

出所：国立社会保障・人口問題研究所『日本の将来推計人口（令和 5 年推計）』より筆者作成．

推計人口（令和５年推計）』では推計されており，子どもの数を増やすことが労働供給減少の回復策であることは言うまでもありません．

しかし，医学的な問題を除いて，子どもを持つことと持たないことの選択についての意思決定は個人の目的に合うように合理的に選択されており，現状を打開するためには政府の政策介入が必要です．たとえば，育児による労働時間が減少し，所得が減少するような女性が子どもを持つことの機会費用が子どもを持たないことによって得る労働所得より大きいとき，その女性は子どもを持たないことを選択するでしょう．また，母親の育児によるストレスだけでなく，育児休暇を容易に取得できないことや家庭内での育児による父親のストレス（パタニィティーブルー）の可能性もあり，両親が２人目・３人目の子どもを欲しがらないということもあります．このような選択をする人たちに対して，政府は人々の出産・子育てのしやすい環境づくりの政策を実施しなければなりません．

14.5　生産技術と技術革新

これまでは生産要素の大きさの変化が経済成長に及ぼした効果について述べてきました．しかし，生産要素の大きさが変化しないときでも経済が成長しているときがあります．同じ生産要素の量を用いても生産技術が異なることによって，生産性に違いが生じ，経済成長の大きさに違いをもたらす場合です．たとえば，これまでは人の労働力で生産していた工程にセンサー付きの自動化装置が組み込まれた機械を導入すると，これまであてがわられていた労働者は違う部門の生産に携わることができます．技術革新によって，１人の労働者による生産量が増加し，経済成長が促進されます．ここで，技術革新によって労働者の生産性が高まり，１人あたりの生産量が増加する技術革新を**労働増大的な技術革新**と呼びます．

技術革新の例として輸送機械に注目してみると，歴史的に，馬車の時代から自動車の時代へと変遷を遂げています．馬車の台車によって一定量の輸送は可能ですが，馬車では大量輸送かつ長距離の輸送は困難です．しかし，自動車技

図14.4　水平的技術進歩

術の開発によって，大量輸送かつ長距離輸送が可能になりました．このような新たな財の開発による生産技術の変化は**「水平的」技術革新**やプロダクト・イノベーションと呼ばれ，輸送の動力が技術革新によって変化していっています．

水平的技術革新に対して，コンピューターOSのアップデートによる生産工程の改良や品種改良などによって原料の改良をもたらす技術革新は生産費用のカットや製品の品質を改善します．このような技術革新は**「垂直的」技術革新**やプロセス・イノベーションと呼ばれます．

これらのような技術革新は企業の研究開発（R&D：Research and Development）活動に大きく依存しています．利潤最大化を目的とする企業は利潤を増やすためには，他社にはない新製品を開発することにより多くの利潤を得ようとしたり，生産費用を削減することによって利潤を増やそうとして，研究開発活動の動機が企業に生まれます．

しかしながら，技術開発を行ってもすぐに他社に模倣されてしまうと，多額の研究開発費を回収できるだけの売り上げや利潤を得られない可能性もあります．そのとき，企業の研究開発活動の動機が低下し，このような動機の低下は経済成長に対してマイナスの効果をもたらします．そのため，法律によって，一度開発された技術は**特許**によって，一定期間は開発した企業のみが用いることができるように政府が開発企業を保護しています．

14.6　教育と経済成長

多くの知識や能力は教育を通じて人に身に付いていきます．教育には家庭での親子関係による教育だけでなく，幼稚園，小中学校，高校，大学などの教育

図 14.5　教育の費用と便益

機関で教育を受けることによって，人は知識や能力が身に付き，人的資本が形成されていきます．このような学校教育での人的資本の形成は人の労働供給による生産性向上を通じた経済成長の促進効果をもたらします．さらに，より効率的に労働供給を行うことができるため，賃金所得も増加し，消費が増え，GDP も増加します．

しかし，教育を受けることの費用も発生します．第 1 に，授業料や教材費などの直接的な費用です．第 2 に，教育を受けずに労働供給をしたときに得られる賃金所得である教育による機会費用です．人は教育を受けたことによって得られる賃金所得などの便益と教育を受けることによって生じる費用を比較し，便益が費用を上回るときに人は教育を受けることを選択します．

そして，学校教育などの家庭外での教育を充実させることは社会への外部効果も生じます．たとえば，教育を受けた人が社会での自分の持っている知識を他者に伝授することによって社会に知識の伝播を生み出すこと，そして，知識や能力が高まるだけでなく，創造力が豊かになり，新たな技術革新を生み出すこともあります．このような外部効果を生み出すことを促進するためには政府による教育改革や補助金の支給などを行っていく必要があります.

14.7　政府と経済成長

民間部門による投資と労働供給によって，生産活動は行われます．しかし，その生産活動に必要な公共財など基盤整備は政府が担わなければなりません．道路・港湾・上下水道・学校などの産業基盤となるインフラストラクチャーは民間に任せておくと，社会にとって過不足が生じやすく，経済成長を阻害させる要因になりかねません．そこで，政府は税収をもとに，これらの基盤整備を行います．たとえば，道路や港湾施設が整備されると，製品の輸送が多方面に容易に行いやすくなり，生産量が増加し，経済成長を促すことに貢献します．

さらに，社会秩序を維持した世の中において，財・サービスは取引されなければなりません．そのために，法律による所有権の確立が必要であることに加えて，警察や国防などの公共サービスの政府による供給も企業が生産活動を行うためには不可欠です．

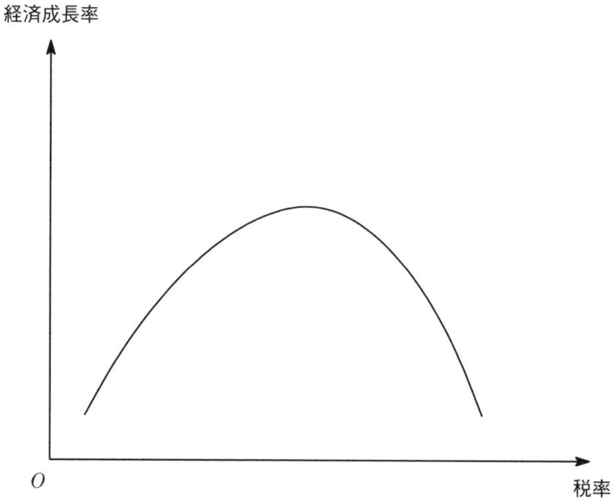

図 14.6　税率と経済成長

ロバート・バローが1990年に発表した研究によれば，このような公共サービスの財源として所得税を課したとき，図14.6に示されるように，経済成長率と税率は逆U字型の関係で示されることを明らかにしました．税率が低いときには公共サービスの生産への貢献（便益効果）が課税による可処分所得の減少を通じて貯蓄と投資の抑制効果（課税効果）を上回っているため，公共サービスの整備は経済成長にプラスの効果をもたらします．しかし，税率が高いときには，前者の公共サービスの便益効果が後者の課税効果を下回っているために，公共サービスの整備は経済成長にマイナスの効果をもたらします．したがって，経済成長率を最大にする税率が存在することも明らかとなっています．

また，このような経済成長に影響を及ぼす政府の政策以外にも，産業の規制緩和や経済社会の構造改革によって政府は経済成長に影響を及ぼしています．たとえば，規制緩和や構造改革は企業が新たに市場に参入することが可能になり，企業の投資が増加し，経済成長を促すこともあります．

コラム14：日本の教育費

2021年度に文部科学省により行われた「令和3年度子供の学習費調査」によると，直接的な教育費用だけでなく，学習塾や習い事などの学校外活動費を含む学習費総額は幼稚園から高校まで私立に通った場合は約1838万円であり，すべて公立に通った場合は約574万円となっています．わが国では，1人あたりにかかる教育費用がかかることは子どもを2人目・3人目と持とうとする動機にもマイナスの影響をもたらしています．このような動機の低下は少子化に拍車をかけるだけでなく，人口成長と労働供給の低下をもたらし，経済成長に対してもマイナスの効果をもたらしています．そのため，日本政府は低所得層の高校生への授業料補助を行うことで，親の負担を軽減させて，子どもたちが教育を受けることができる環境づくりも行われています．

また，学校教育費に加えて，欧米と異なり，日本の多くの子どもたちは学習塾や習い事にも通っているために学校外活動費も親にとっては負担となっています．学校の教育だけでは子どもにとって物足りないと考える親も多くいるために，全国的な教育改革を絶えず行っていくことにより学校外活動費も軽減することにも日本政府は取り組んでいます.

練習問題

1. ある企業の投資が地域の経済成長にどのように貢献するのかを具体例を用いて考えてみましょう.
2. 少子社会を迎える日本において，人工知能（AI）の技術開発などの労働集約的な技術革新は経済成長にどのような貢献があるかを考えてみましょう.

文献ガイド

1. R・M・ソロー（福岡正夫訳）(2017),『成長理論　第2版』岩波書店.
2. 二神孝一（2012),『動学マクロ経済学　成長理論の発展』日本評論社.
3. R・J・バロー，X・サラ-イ-マーティン（大住圭介訳）(2006),『内生的経済成長論〈1〉,〈2〉』九州大学出版会.
4. 伊神満（2018),『「イノベーターのジレンマ」の経済学的解明』日経BP社.
5. 横山和輝（2016),『マーケット進化論　経済が解き明かす日本の歴史』日本評論社.

練習問題の解答例

第1章

1. TPP11協定（環太平洋パートナーシップに関する包括的および先進的な協定）によって，わが国では自動車のなどの工業製品の輸出は促進されることが予想されます．したがって，自動車や鉄鋼のような製造業にとってのメリットは大きくなると予測されます．その一方で，外国の農産物も安価に輸入されるため，国内の農業が競争に耐えられず縮小することが懸念されています．また現在，このような経済協定はその効果が相殺されています．Covid-19のパンデミックによる経済混乱や欧米の急速なインフレと利上げ，ロシアによるウクライナへの軍事侵攻などの影響により，エネルギーや穀物の価格は世界的に高騰し，関税を引き下げることでモノやサービスを安価に提供するという概念自体が揺らいでいます．
2. ミクロ経済学やマクロ経済学はさまざま分野で応用されています．近年，社会問題となっている地球温暖化問題や漁業資源の管理もミクロ経済学の考え方が応用されています．また，少子高齢化問題や年金制度の持続可能性など今後の私たちの生活において重要な政策はマクロ経済学の考え方が応用されています．

第2章

1. (a)通勤している時間は働けないので，時給を受け取ることができません．したがって，時給を機会費用と考えるのが妥当です．そうすると3時間では6,000円の機会費用がかかることになります．

   (b)運賃と機会費用を合計して最も安い手段が合理的です．普通電車では運賃1,000円＋機会費用6,000円 =7,000円．特急電車では運賃2,000円＋機会費用4,000円 =6,000円．新幹線では，運賃5,000円＋機会費用2,000円 =7,000円．したがって，特急電車が最適です．

(c)時給を m とすると，運賃と機会費用の合計は普通電車では $3m+1000$，特急電車では $2m+2000$，新幹線では $m+5000$ です．普通電車が最適となる範囲を求めてみましょう．条件は $3m+1000 \leq 2m+2000$ です．m について解くと，$m \leq 1000$ です．では，特急電車が最適となるのは，$2m+2000 \leq 3m+1000$ かつ $2m+2000 \leq m+5000$ です．m について解くと，$1000 \leq m \leq 3000$ です．最後に，新幹線が最適となるのは，$m+5000 \leq 2m+2000$ です．m について解くと，$m \geq 3000$ です．以上より，1,000 円以下の時給の場合，普通電車．1,000 円から 3,000 円の場合，特急電車．3,000 円以上の場合は新幹線が最適となります．

2. 計画経済は生産から分配に至るまで，すべてを政府が決める制度です．すべての企業は国有であり，富は平等に分配されます．したがって，なにか努力して社会に貢献したとしても，自分に分配される富が増えるわけではありません．これでは努力するインセンティブが働かないでしょう．計画経済を基盤とした多くの社会主義国が経済的に行き詰まったのはインセンティブの影響も大きかったと思われます．

第3章

1. (a)

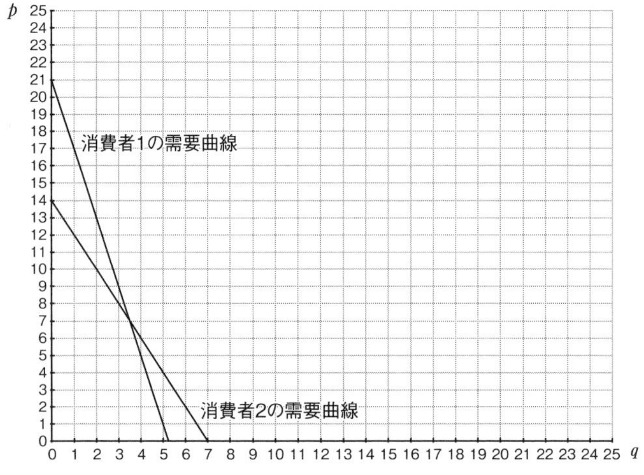

(b)$p=21$ から $p=14$ までは消費者 1 の需要曲線と同一です．それより価格

が下がった場合は傾きが変化します．作図をするにはどの２点でもよいのですが，たとえば，$p=11$ のとき，消費者１と消費者２の需要量の合計は４となり，$p=3$ のとき，需要量の合計は10となるので，この２点（4, 11）と（10, 3）を結ぶ直線を引けばよいのです．したがって，以下の図のようになります．

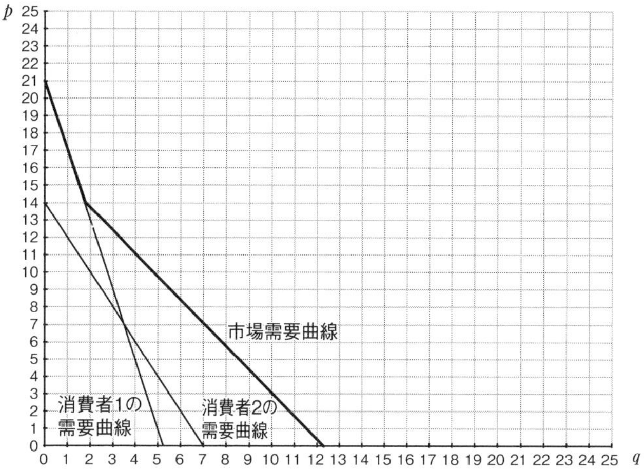

(c)消費者１の需要量は $11=-4q+21$ より，$q=\frac{5}{2}$．消費者２の需要量は $11=-2q+14$ より，$q=\frac{3}{2}$．したがって，市場需要量は $\frac{5}{2}+\frac{3}{2}=4$.

2. 点 A と点 B は同じ無差別曲線 U_2 上の２点なので無差別です．点 A と点 C は同じ無差別曲線 U_1 上の２点なので無差別です．したがって，点 B と点 C は無差別です．しかしながら，点 B より点 C は x_1 も x_2 も増加しているため，点 C は点 B より選好されます．これは矛盾です．つまり，２つの無差別曲線が交わることはありません．

第4章

1. (a)

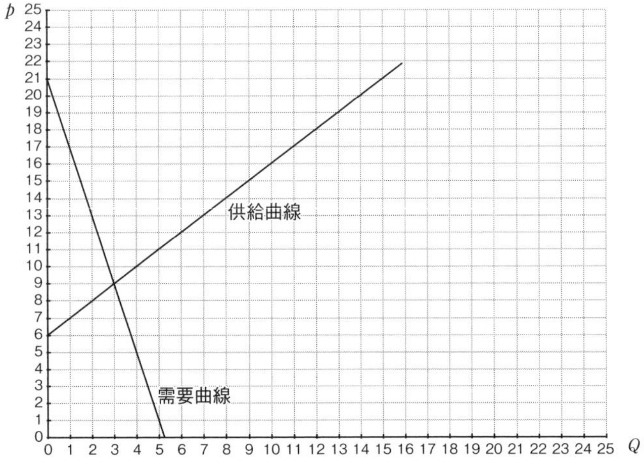

(b)価格 $p=9$，数量 $Q=3$.

2. 限界費用は企業の生産技術から導かれるものです．たとえば，企業が生産効率の良い機械と悪い機械を所有しているとしましょう．生産量が少ないときは最も生産効率の良い機械を用いることで生産量をまかなえるため，費用の増加（限界費用）は少なくてすみます．しかし，生産量を増やしていくと，生産効率の良い機械で生産できる最大量を超えてしまうでしょう．それ以上生産するには生産効率の悪い機械を稼働させなければなりません．したがって，費用の増加が大きくなってしまいます．つまり限界費用が増加します．

3. 平均費用 $AC=VC/Q+FC/Q$ です．FC が VC に比べてとても大きい場合，FC/Q の影響が大きくなります．Q が増加すると FC は定数で変化しないので，FC/Q は減少し，FC が VC より十分大きければ，平均費用 AC も減少することになります．このことから，固定費用が大きい産業（たとえば，発電所，自動車などの製造業，鉄道などの運輸業）では，生産量が大きいほど，つまり，企業規模が大きいほど平均費用が減少するため，競争に勝ちやすく，独占を生みやすくなることがわかります．

第5章

1. 経済学の中で取り扱う弾力性には，供給あるいは需要の価格弾力性以外にもいくつかあります．たとえば，需要の所得弾力性というものがあります．需要の所得弾力性とは，所得が1単位（1%）変化したとき，需要がどの程度変化するのかを表す指標です．所得が増加すると需要が増加するとき，この財を上級財と呼びます．一方，所得が増加したにもかかわらず需要が減少してしまう財を下級財と呼びます．したがって，需要の所得弾力性の符号（+，－）は，その財が上級財であるか下級財であるかに依存します．
2. 土地は物理的に増加させることができませんし，農作物も即時に増産することはできません．したがって，仮に価格が増加しても供給量は一定となるため，供給曲線は垂直に描くことができます．

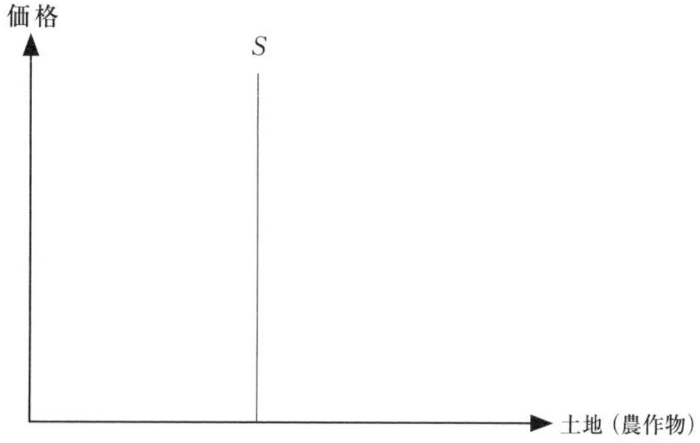

第6章

1. 資源配分の効率性以外に「良い・悪い」を測る指標に公正性があります．たとえば，資源配分の効率性の観点から判断するならば，資源配分の効率性は達成されているものの大きな所得格差が存在する社会は，資源配分の効率性が達成されていない所得格差が小さい社会よりも望ましいということになります．しかし，公正性の観点から「良い・悪い」を測った場合，上述のような資源配分の効率性は達成されているが，大きな所得格差が存在する社会は「悪い」ということになります．
2. すべてのものを1品ずつ購入すると支払金額は1,580円となります．このときの各メニューから得られる消費者余剰の総額は610円となります．つぎに支払意思額と料金の差額（消費者余剰）が大きいものから購入し，1,000円以内に収まる組み合わせを考えるとカレーとハンバーグの組み合わせ（合計980円）となります．このとき，カレーの消費者余剰は230円，ハンバーグの消費者余剰は200円となり，1,000円以内で購入でき，かつ最も消費者余剰が大きくなります．

第7章

1. 買手独占は，英語でMonopsonyと言います．かつて北海道には複数の炭鉱が存在していました．石炭は埋蔵されている地域に隔たりがある局地原料です．したがって，炭鉱以外はなにもないような孤立した集落が複数ありました．こうした地域では唯一の雇用機会はその地にある炭鉱での仕事であるため，労働市場を見れば労働供給（労働者）は多数存在しますが，労働需要（雇用主）はその炭鉱を運営する会社しかありません．したがって，労働力の買手側，すなわち雇用主は独占力を使って賃金を低く抑えようとします．
2. いろいろと弊害のある独占市場ですが，あえて独占的に供給しているものもあります．市役所や区役所で交付する印鑑証明証などの公的書類です．印鑑証明書とは，登録された印鑑が本物であることを証明する書類で，重要な取引や契約の際に押印する印鑑の正当性を証明する書類です．印鑑証明書は原則，役所でしか発行されません．コンビニエンスストア等で取得できる場合もありますが，オーソライズしているのは役所だけです．もし，民間の企業が自由に印鑑証明書が発行できるのであれば，実印か否かの信頼性も損なわれてしまいます．したがって，あえて役所だけが正式なものを独占的に発行できるようにしているのです．

第8章

1. （進む，止まる），（止まる，進む）の2つのナッシュ均衡があります．
2. ゲームツリーは以下のようになります．太線は，利得が同じ場合には強いほうを攻撃するとした場合の後ろ向き帰納法の解です．弱いプレイヤーA, Bが手を組んで強いプレイヤーCを倒すことになります．また，強いほうを攻撃するという仮定がなくても，弱いプイレヤーが生き残る結果となるので，確かめてみてください．

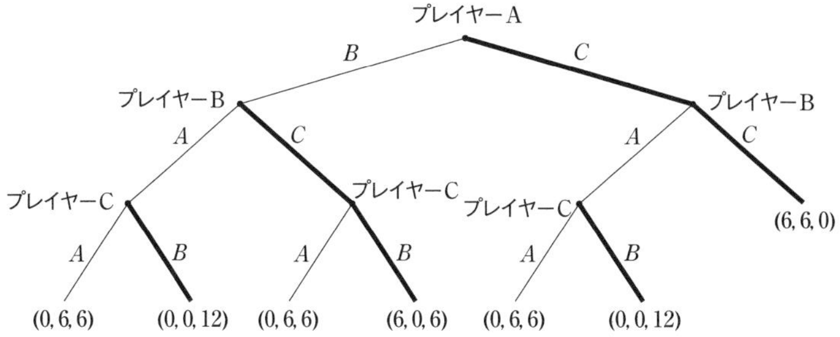

3. おもしろい例ではスウェーデンのフォルクスワーゲン社が駅の階段の利用を促進するために，階段をピアノにしたものがあります（https://www.youtube.com/watch?v=SByymar3bds）．強制ではなくちょっとした後押しというのがナッジです．他にも国内外の多くの事例があるので，調べてみてください．

第 9 章

1. たとえば，内閣府のサイトには GDP のデータがあります．そのデータを使用して，表計算ソフトなどでグラフを作ってみれば，GDP の変化を視覚的にとらえることができます．ぜひやってみてください．
2. GDP に入るかどうかには「新しく価値を加えたかどうか」が 1 つの基準になります．しかし，なにをもって「新しく価値を加えた」のかは，かなりあいまいな部分もあります．たとえば，主婦の行う家事は明らかにその家の環境改善に寄与しますが，GDP には含まれません．
3. たとえば，IMF や世界銀行のサイトには，経済に関するさまざまなデータが掲載されています．その中から 1 人あたりの GDP のデータを見つけ出し，調べてみてください．

第 10 章

1. たとえば，内閣府のサイトには，物価のデータもありますので，ぜひ探してみてください．

2. 自分の関心のあるものをいくつか取り上げ，10 年前，30 年前，50 年前と比べてみましょう．たとえば，「卵は物価の優等生」などと言われます．卵の価格は 1973 年のオイルショック時に急上昇しました．その後，緩やかに上昇傾向が続いた後，下落していくことになります．ただし，これは名目値で見た場合で，実質値で見れば，オイルショック後は長期的に下落傾向が続いたと言っていいでしょう．
3. 時給は 1%の下落ですが，物価は 2%下落していますので，実質値で考えた場合，時給は上昇したことになります．ただし，名目値では 10 円下がっているため，働いている人の立場から見ると，「時給が下がったような気がする」かもしれません（実質値で見れば上がっているのですが）．この「時給が下がったような気がする」ため，労働者が賃金の下落に抵抗したり，労働者のモチベーションが低下したりするという側面は，経済学において非常に重要な視点です（ただし，このような話が出てくるのはもう少し先のことです）．自分たちがどう感じるかを周りの人と話し合ってみてください．

第 11 章

1. 過去の新聞などを見れば，どのような出来事が生じていたのか，どのような対策がとられたのか，そのときに世間ではどのような反応があったのかなども見ることができます．
2. 内閣府のサイトや新聞などで調べてみましょう．たとえば，バブル崩壊後には減税，公共事業，中小企業対策などの大規模な財政政策が行われました．2000 年代後半のリーマンショックから始まる世界的な大不況のときにも「100 年に一度の大不況に対処する」という名目で，大規模な財政政策が行われました（本当に 100 年に一度の大不況であったかは，いまとなっては議論の余地がありそうですが）．金融政策については，バブル崩壊後の不況期に，急速な金利引き下げが行われました．
3. 長期的な視点で見れば，景気の良し悪しにかかわらず，「成長戦略」や「構造改革」等と呼ばれるような生産性を上昇させるような政策が必要でしょう．短期的には，そのときの経済状況によるでしょう．好景気であれば，特別な景気対策は必要とされません（むしろ景気を引き締めるような政策が必要かもしれません）．不景気であれば，景気対策が必要とされるかもしれませんが，古典派の立場をとるのかケインジアンの立場をとるのかで考え方は異なってきます．

第12章

1. たとえば，港にある灯台を考えてみましょう．灯台を中心にした同じ半径の場所にいるだれもが無料で灯台の灯りを同じ光量で見ることができます（消費における排除不可能性）．そして，ある人が灯台の灯りを見たからといって，後に他の人がその灯りを見られなくなるということはないです（消費における非競合性）．
2. 人々の間での所得格差を小さくするためには，豊かな人の可処分所得を減らすこと，もしくは，貧しい人の可処分所得を増やすことが考えられます．たとえば，前者に対しては，所得税の累進課税制度などによって政府が豊かな高所得者に貧しい低所得者よりも高い税率で所得に課税をすることにより，豊かな人の可処分所得を減らします．後者の場合は生活保護費などの補助金によって貧しい人の可処分所得を増やすことが考えられます．
3. このような場合には「合成の誤謬（ごびゅう）」が経済に生じているため，政府の政策による経済への介入が必要です．不況のときには需要が減少し，それにともない供給が減少しているため，政府が公共支出の増加や減税によって需要創出の政策をとり，消費者の可処分所得を増やし，需要が増大させる政策が考えられます．

第13章

1. 信用創造によって，当初の預金の何倍にも資金を銀行は企業に融資することができます．企業はそのときの経済状況をもとに融資による投資の収益を予測して，銀行から融資を受けます．好況時には企業は大きな収益を得られると考え，融資による投資を増やし，バブル経済のような好況が生じると考えられます．しかし，多くの企業で収益の予測が外れ，融資の返済が困難になったときにはバブル経済後の不況のようなことが生じるとも考えられます.

2. 金融政策には公定歩合操作, 預金準備率操作, 公開市場操作があります. 日本銀行のサイトを見てもわかるように, 基準割引率および基準貸付利率と預金準備率は数年間変化していません. そして, 13.8 節で書かれているように, 日本では「金融の自由化」によって, 金融業界の企業はさまざまな場でさまざまな方法により他社と競争しています. そのため, 競争にいつも直面している金融業界の企業が予測可能な金融政策にはすぐに対応されてしまい金融政策の効果が発現できない可能性もあります. 公開市場操作のような経済状況に合わせて迅速に変更できる金融政策でなければ, 政策効果が発現できなくなっています. 21 世紀では 3 つの金融政策のうち, 公開市場操作による金融政策が有効であると考えられます.

第 14 章

1. たとえば, ある地域に企業が投資によって新工場を建設することを考えてみましょう. 新工場が建設されて, 工場での生産量が増加し, それは地域住民の所得の増加をもたらします. その所得の増加によって, 地域住民の購買力が高まり, スーパーなどの大規模店舗の建設という新たな投資がその地域で行われ, さらなる地域の所得の増加をもたらします. このような新たな投資が続いていくことによって, 地域の所得が増加し続けます. 経済成長率の定義からも地域の所得の増加が長い間続くと経済成長するということが確認できます.
2. 子どもの数が減っていくことは将来の生産労働人口が減少していくことであり, 労働者の減少は生産量の減少をもたらすかもしれません. しかし, 減少した労働者を補えるような AI の技術が開発されたとき, たとえば, AI による工場の無人化や事務文書の作成が行われるとき, 人口が減少しても生産量が減ることがないでしょう. さらに, これまで従事していた労働者は新たな生産に従事することができようになり, 経済成長が促されるようになるでしょう.

索　引

アルファベット

Behavioral Insights Team　112
GDP（国内総生産）　3, 115, 116, 157, 158, 176, 177, 183, 184
GDP ギャップ　147
GDP デフレーター　134
GNI（国民総所得）　116

ア　行

アダム・スミス　159, 160
意思決定点　102
一物一価　72
一般会計予算　158
イノベーション　153
インセンティブ　19
インフラストラクチャー　192
インフレーション　137
失われた 10 年　184
後ろ向き帰納法（バックワードインダクション　103
売りオペレーション（売りオペ）　178
枝　102
円高ドル安　180, 181
円高不況　184
円安ドル高　180
オイルショック　184

カ　行

買いオペレーション（買いオペ）　178
外国為替　180
外国為替相場　180
外国為替手形　180
外部経済　162
外部効果　162, 191
外部不経済　162
価格　28, 44
価格競争　98
価格差別　69
価格支配力　86
価格弾力的　59
価格の下方硬直性　160
価格非弾力的　60
課税効果　193
寡占市場　97
価値貯蔵　170
価値評価　170
貨幣　169
貨幣供給　173
貨幣需要　171
為替レート　180
関税　82
間接金融　173
完全合理性　107
管理通貨制度　172, 173
機会の平等　163
機会費用　9, 21, 189, 191
技術革新　189
基準割引率および基準貸付利率　176
希少性　17
希少な資源　18
規制緩和　193
規模に関して収穫一定　185
規模の経済　162
供給曲線　45
共同消費性　162
局所戦略　103
金（銀）本位制度　172
均衡　53

均衡価格　53
均衡取引量　53
銀行の銀行　174
均衡量　53
金本位制度　173
金融　173
金融政策　166, 176, 179, 187
金融の自由化　179
金融ビッグバン　179
金利　171
金利の自由化　179
クールノー競争　98
景気循環　144
景気動向指数　148
景気の谷　146
景気の山　145
経済安定化機能　160
経済システム　5
経済成長率　183
経路　102
ケインジアン　152
ケインズ　160
結果の平等　163
ゲームツリー　101
ゲーム的状況　98
ゲームの解　99
限界効用　32
限界効用逓減の法則　33
限界収入　88
限界費用　87
限界費用逓増の法則　48
限界便益　87
研究開発　190
現金給付　164
現状維持バイアス　110
減税　166
限定合理性　107
現物給付　164
公開市場操作　176, 178, 179, 187
交換手段　169
交換の利益　10
好況　166, 177
公共サービス　160, 161, 164, 192, 193
公共財　161, 162, 192
公共支出　165, 187
公共施設　160
公共投資　157, 158, 166
公債金　158
公正取引委員会　90
合成の誤謬（ごびゅう）　165
構造改革　153, 193
公定歩合　176
公定歩合操作　176, 179
高度成長期　143
幸福度　127
公平性　163
効用　32
国債　171
国際価格　81
国債費　159
国際分業　13
国内総支出　118
国内総生産（GDP）　3, 115, 116, 157, 158, 176, 177, 183, 184
国民総所得（GNI）　116
護送船団行政　179
国庫金　174
固定費用　50, 73
古典派　152
個別供給曲線　46
個別需要曲線　30

サ　行

財　5, 18
債券　171
最後通牒ゲーム　110
財政政策　165, 166, 176
財政の硬直性　159
最大支払い意思額　35
最低賃金制度　79
最適消費点　37, 39
最適反応　99

サービス　5
産業の空洞化　181
三面等価の原則　119
死荷重　92
自給自足　7
資源配分　18
資源配分機能　160
資源配分の効率性　72
資産選択行動　171
市場　5, 22
市場供給曲線　46
市場需要曲線　31
市場の失敗　160
市場メカニズム　25, 54
自然独占産業　162
実感なき好況　184
実質 GDP　133, 157
実質値（実質額）　130
支払意思額　76
資本　153, 185
資本財　5
資本蓄積　185, 186
社会的余剰　74
奢侈品　61
自由財　72
自由貿易　81
需要曲線　29
需要の価格弾力性　59
需要法則　27
準公共財　162
純粋公共財　162
小国の仮定　81
乗数効果　166
消費可能領域　36
消費財　5
消費者の数　28
消費者の好み　28
消費者物価指数　134
消費者余剰　72
消費における非競合性　161
消費における排除不可能性　161
情報の非対称性　163
所得　14, 28
所得再分配機能　160
所得再分配政策　163, 164
所得税の累進課税制度　164
所得の不平等　163, 164
新型コロナ感染　184
人的資本　153, 184, 188, 191
信用創造　175, 176, 178
「垂直的」技術革新　190
「水平的」技術革新　190
数量競争　98
生産技術　189
生産者の数　44
生産者余剰　73
生産性　153
生産費用　44
税収　77
成長戦略　153
政府最終消費　157
政府の銀行　174
潜在 GDP　147
戦略　98, 103
戦略形ゲーム　98
操業停止点　52
相続税　164
総費用　50
贈与税　164
租税及び印紙収入　158
損益分岐点　51

タ　行

代表性ヒューリスティック　108
短期　50
地方交付税交付金　158
中央銀行　174, 176
超過供給　54
超過需要　55
長期　50
直接金融　173
手番　102

デフォルトオプション 111
デフレーション 137
展開形ゲーム 101
投資 186, 188
投資の限界効率 186
独占企業 86
独占均衡 89
独占禁止法 90
独占市場 86
土地 153, 184, 185
特化 7, 9
特許 190
トレードオフ 20

ナ 行

ナッジ 111
ナッシュ均衡 99
日本銀行 174, 176, 178, 187
日本銀行券 172
ノード 102

ハ 行

バイアス 107
発券銀行 174
比較優位 12
必需品 61
1人あたり資本の限界生産力逓減 186
1人あたりのGDP 125
ヒューリスティック 108
費用 20
ファンダメンタルズ（経済の基礎的条件） 184
付加価値 119
不況 165, 166, 176, 177, 178
物的資本 153, 184, 185
不平等回避性 111
プレイヤー 98, 103
フレーミング効果 109
プロスペクト理論 110
分業 10
平均固定費用 51
平均費用 162
平均変動費用 51
ベルトラン競争 98
便益 20
便益効果 193
変化率 60
変動為替相場制 180
変動費用 50
他の財の価格 28, 44
補助金 164, 192
補助硬貨 172
保有効果 110

マ 行

マクロ経済学 14
マスグレイブ 160
見えざる手 159
ミクロ経済学 13
民間銀行 174, 176, 177
無差別曲線 37
名目GDP 132
名目値（名目額） 130

ヤ 行

優越的地位の濫用 95
融資 174, 185, 187
預金 174
預金準備率 175, 177, 178
預金準備率操作 176, 179
予算 28
予算制約式 36

ラ 行

利子率 187
利子率（金利） 176
利息 171
利得 98, 103
利得表 98
リーマンショック 184

連言錯誤　108
労働　153, 184, 185, 187
労働増大的な技術革新　189

執筆者紹介

内藤　徹（ないとう　とおる）第 1 章　第 5 章　第 6 章　第 7 章
1968 年　兵庫県生まれ
西南学院大学経済学部経済学科卒業
九州大学大学院経済学府博士課程修了，博士（経済学）
Indiana University School of Business 客員研究員，九州共立大学経済学部講師・助教授，釧路公立大学経済学部助教授・准教授，徳島大学大学院ソシオ・アーツ・アンド・サイエンス研究部教授を経て，
現在　同志社大学大学院商学研究科教授
主著　『規制と環境の都市経済理論』九州大学出版会（2004）など

大森達也（おおもり　たつや）第 12 章　第 13 章　第 14 章
1968 年　三重県生まれ
三重大学人文学部社会科学科卒業
名古屋大学大学院経済学研究科博士課程後期課程満期退学，博士（経済学）
松阪大学政治経済学部講師・助教授，三重中京大学現代法経学部准教授・教授を経て，
現在　学校法人梅村学園執行役員・中京大学副学長（教育担当）・同総合政策学部教授
主著　『政府と経済成長―税と公共支出の配分―』勁草書房（2016）など

伊ヶ崎大理（いかざき　だいすけ）第 9 章　第 10 章　第 11 章
1974 年　神奈川県生まれ
九州大学経済学部経済工学科 3 年次退学（大学 3 年次からの大学院進学のため）
九州大学大学院経済学研究科博士課程修了，博士（経済学）
九州大学大学院経済学研究院助手，熊本学園大学経済学部専任講師・助教授・准教授，日本女子大学家政学部家政経済学科専任講師・准教授を経て，
現在　日本女子大学家政学部家政経済学科教授
主著　『地球環境と内生的経済成長』九州大学出版会（2004）など

佐藤茂春（さとう　しげはる）第 2 章　第 3 章　第 4 章　第 8 章
1979 年　福岡県生まれ
九州大学経済学部経済学科卒業
九州大学大学院経済学府博士課程修了，博士（経済学）
九州大学大学院経済学研究院助手，長崎ウエスレヤン大学現代社会学部准教授，中京大学総合政策学部准教授を経て，
現在　中京大学総合政策学部教授
主著　『契約と法の経済分析』勁草書房（2020）など

スタートダッシュ経済学［第2版］

2019年7月20日　第1版第1刷発行
2023年12月20日　第2版第1刷発行

著　者　伊《い》ヶ《か》崎《ざき》大《だい》理《すけ》
大《おお》森《もり》達《たつ》也《や》
佐《さ》藤《とう》茂《しげ》春《はる》
内《ない》藤《とう》徹《とおる》

発行者　井村寿人

発行所　株式会社　勁《けい》草《そう》書房

112-0005 東京都文京区水道2-1-1　振替 00150-2-175253
（編集）電話 03-3815-5277／FAX 03-3814-6968
（営業）電話 03-3814-6861／FAX 03-3814-6854
三秀舎・中永製本

ISBN978-4-326-50500-5　Printed in Japan

＊落丁本・乱丁本はお取替いたします。
ご感想・お問い合わせは小社ホームページから
お願いいたします。

https://www.keisoshobo.co.jp